VIE

DE MADAME MAËS.

Mme MAËS

Fondatrice de la réforme des Religieuses de la Pénitence dites Capucines.

Lefort à Lille

Lith. de F. Robaut à Douai

VIE
DE MADAME MAËS
NÉE TAFFIN DU HOCQUET,
NOMMÉE EN RELIGION SŒUR FRANÇOISE DE SAINT-OMER,
FONDATRICE

DE LA RÉFORME DES RELIGIEUSES DE LA PÉNITENCE DITES CAPUCINES.

PAR L'ABBÉ PARENTY, CHANOINE D'ARRAS.

LILLE.

L. LEFORT, IMPRIMEUR-LIBRAIRE,

Rue Esquermoise, 55.

1841.

PROPRIÉTÉ DE 

PRÉFACE.

L'ÉGLISE catholique s'est appliquée dans tous les temps à perpétuer dans la mémoire des hommes le souvenir des vertus que Dieu lui-même a rendues fécondes dans les âmes prévenues par sa grâce et qu'il a suscitées pour l'édification de leur siècle. Les bibliothèques et les archives des monastères renfermaient autrefois des trésors immenses de documents que la révolution française a dispersés pour la plupart. Cependant, il reste encore, dans nos bibliothèques publiques, formées en grande partie des débris sauvés de ce naufrage, de riches collections qui nous mettent à même d'apprécier combien ont été laborieuses les recherches de pieux cénobites, pour tirer de l'oubli tout ce que la religion a fait éclore d'illustrations dans tous les genres. C'est ainsi qu'à côté de ces génies qui ont éclairé la terre, on trouve l'humble fille du Seigneur, modèle de charité, de ferveur, servant Dieu dans le silence d'un cloître et saintement inspirée d'opérer de grandes choses. La Providence l'a permis sans aucun doute pour montrer qu'elle se sert, dans l'accomplissement de ses inexplicables desseins, des instruments les plus faibles pour confondre l'orgueil des puissants.

Telle nous a paru Mme Maës, dont nous essayons de retracer les vertus dans cette esquisse de sa vie. Elle quitte le monde, renonce aux avantages que devaient naturellement lui procurer sa position sociale. Ses deux filles se sentent inspirées du même goût pour la retraite, et elle convertit en asile de pénitence sa maison située dans l'une des plus petites villes de Flandre. Bientôt son genre de vie ne peut plus demeurer ignoré. Les évêques qui se succèdent à Saint-Omer, unis à ceux qui occupent les autres siéges de la province, s'empressent auprès d'elle pour lui demander d'étendre sa nouvelle congrégation, et vingt années suffisent à l'établissement de huit communautés, toutes animées du plus beau zèle pour procurer la gloire de Dieu. Elles font revivre dans nos contrées du nord de la France l'esprit de ferveur qui animait les solitaires des premiers siècles du christianisme.

Il est beau de voir au dix-septième siècle, des femmes non moins distinguées par leur naissance, que par le rang qu'elles occupaient dans le monde, se clore dans ces asiles ouverts à la pénitence, y embrasser les saintes rigueurs de l'état religieux, et se placer sous la direction de cette fidèle épouse de Jésus-Christ, dont la renommée se répandait ainsi malgré elle.

La protection qu'elle rencontre partout auprès des magistrats, et la haute considération dont elle est honorée par les princes eux-mêmes, nous montrent aussi que les sentiments religieux étaient profondément gravés dans le cœur des hommes chargés de l'administration de nos villes de Flandre et d'Artois, et quelle estime ils faisaient des vertus les plus austères du Christianisme. Ces vocations si nombreuses à l'état religieux ne nous aident-elles pas aussi à apprécier l'esprit éminemment chrétien qui animait les familles? Car, elles n'étaient point poussées par des vues humaines ces jeunes filles qui venaient se plier sous un joug aussi pesant qu'était celui de l'ordre réformé des capucines.

Le révérend Père Mathias, capucin du couvent de Saint-Omer, né dans cette ville, a composé en 1666, vingt-quatre ans après la mort de Mme Maës, cette vie dont nous ne publions qu'un abrégé. Son ouvrage forme un petit in-4° de 375 pages, imprimé à Saint-Omer chez Joachim Carlier. Ce père déclare qu'il s'est servi de mémoires composés par les filles de la vénérable fondatrice, les sœurs Agnès et Ignace de Bourbourg.

Les maisons religieuses dont il est fait mention dans cette vie n'existant plus depuis un demi-siècle, nous avons inséré des notes sur ces établissements, dont la place est à peine marquée encore par quelques ruines que le temps anéantit tous les jours, ou que les spéculations des hommes font disparaître.

†

VIE

DE MADAME MAËS.

Françoise Taffin naquit à Saint-Omer le 4 janvier 1581, de Pierre Taffin, écuyer, seigneur du Hocquet, et de Marguerite Pépin, tous deux issus d'anciennes et nobles familles. Pierre Taffin avait servi Philippe II, sous les ordres de Valentin de Pardieu, gouverneur de Gravelines. Le roi d'Espagne rendit témoignage de sa fidélité et de sa valeur dans une lettre, qui fut longtemps conservée dans les archives de cette maison.

Dès sa plus tendre jeunesse, Françoise Taffin fit paraître, avec les grâces naturelles dont la nature l'avait douée, le penchant heureux qu'elle avait pour la vertu. Quand elle reçut le sacrement de confirmation, Mgr. de Vernois, évêque de Saint-Omer[1], la distingua au milieu des enfants de son âge et lui adressa ces paroles, qui firent sur elle une vive et profonde impression. *Ma fille,* lui dit-il, *que Dieu vous donne la grâce de bien faire.*

Ses vertueux parents, persuadés que la culture de l'esprit élève l'âme des enfants et leur communique, pour ainsi dire, une seconde vie, ne négligèrent rien pour lui procurer une éducation éminemment chrétienne. Lorsqu'elle eut atteint l'âge de douze ans, ils la confièrent aux Dames bénédictines de Bourbourg[2]. Ce fut dans cette sainte maison que

[1] Jean de Vernois, deuxième du nom, né en Bourgogne, occupa le siége de Saint-Omer depuis 1590 jusqu'en 1599. Il fit restaurer la chapelle des évêques, placée au chevet de l'église Notre-Dame, au delà du chœur, et y fut inhumé. Cette chapelle a été récemment décorée par les soins de M. l'abbé Duriez, curé de cette église, le plus beau monument de la ville de Saint-Omer.

[2] Ce monastère, qui subsista jusqu'en1792, avait été fondé vers 1099, pour des dames de qualité, par Clémence de Bourgogne, femme de Robert de Jéru-

Dieu lui communiqua ses grâces, et lui inspira le désir de se consacrer entièrement à son service. Elle y demeura deux ans, après lesquels elle vint édifier sa famille par la tendre piété qu'elle fit paraître. Chaque jour elle entendait la sainte messe avec un profond recueillement, et jamais elle ne manquait de faire, dans la matinée, une station de prière dans la chapelle de Notre-Dame des miracles, située alors sur la grand'place [1]. Elle avait

salem, comte de Flandre. Le pape Paschal II approuva cet établissement par une bulle de 1106. Sur la demande de cette comtesse, la reine de France Marie-Antoinette donna à cette abbaye, le 10 septembre 1782, le titre de *Chapitre de la Reine*, et prit celui de première chanoinesse. (M. Piers, notice sur Bourbourg.)

[1] Cette chapelle qui avait été érigée sur la grande place de Saint-Omer, dès le dixième siècle, fut démolie en 1785. On transporta l'image de la Vierge le 25 juin de cette année dans l'église cathédrale, au lieu où elle se trouve encore aujourd'hui, dans le bras droit de la croix. Cette statue qui, depuis tant de siècles, est l'objet de la vénération des Audomarois, fut heureusement soustraite aux profanations, pendant les jours mauvais de la révolution. Mgr l'évêque d'Arras la fit replacer dans l'église en 1803, et permit le rétablissement de la confrérie de Notre-Dame, à laquelle sont encore associées les personnes les plus respectables de la ville.

aussi une grande confiance dans les reliques qui étaient vénérées dans l'église abbatiale de Saint-Bertin, et souvent elle s'y rendait pour réclamer le suffrage des saints apôtres de l'antique Morinie, dont les restes précieux avaient été conservés dans ce monastère. Sa mère l'accompagnait dans la plupart de ces œuvres de piété, et lui donnait l'exemple de la fréquente communion.

Toutes les œuvres de la jeune servante de Dieu portaient l'empreinte de la modestie; elle la pratiquait de si bonne grâce, et avec une telle simplicité, qu'elle paraissait plus naturelle qu'étudiée; aussi lui valut-elle l'estime de tous ceux qui entrèrent en communication avec elle. Toutefois, cette vertu laissait apercevoir un esprit élevé, une rare prudence, et des connaissances au-dessus de son âge.

D'aussi belles qualités la firent rechercher de bonne heure; mais son père, la croyant trop jeune pour être mariée, éloigna d'abord plusieurs partis, également distingués sous le rapport de la naissance et celui de la fortune. Il arrêta plus tard son choix sur M. Alexandre Maës, licencié-ès lois, et conseiller pensionnaire de la ville et châtellenie de Bourbourg. Le mariage fut célébré dans l'église du Saint-Sépulcre à Saint-Omer. Elle suivit son mari dans la ville où Dieu lui avait inspiré de si hautes vertus. La Providence la ramenait ainsi à Bourbourg pour l'accomplissement de ses desseins. Elle ne tarda pas à y conquérir l'estime de tout ce qui l'entourait; unie d'ailleurs à une famille éminemment vertueuse, sa belle piété ne subit aucune altération dans l'état du mariage. Deux filles furent les fruits de cette heureuse union; son premier soin fut de les offrir à Dieu, et de diriger ensuite leur première éducation de manière à en faire de fidèles servantes de Jésus-Christ. On verra dans la suite de cette vie, comment la grâce est venu féconder ses instructions maternelles.

M. Maës, son beau-père, bailli de Bourbourg, n'avait que deux fils, dont l'un s'était consacré à Dieu dans la maison des Capucins de Saint-Omer, et lorsque ces religieux venaient prêcher dans cette ville, ils descendaient chez Mme Maës. La confiance qu'ils lui inspirèrent, la portèrent souvent à les consulter sur les affaires de sa conscience. Un jour que l'un de ces pères avait traité de l'oraison mentale, dans une instruction aux

Dames bénédictines, elle se sentit saintement désireuse de s'enrichir des biens spirituels que procure cet exercice de piété, et pria le religieux de lui enseigner la manière de le pratiquer. *Je voudrais*, lui dit-elle, *avec un profond sentiment d'humilité, me mettre à même de connaître ma misère, l'énormité de mes fautes, et toutes mes ingratitudes envers Dieu, me former au mépris du monde, à la mortification et à la pratique des vertus propres de mon état.* Elle fut tellement favorisée de la grâce dans cette nouvelle manière de servir Dieu, qu'elle y trouva les consolations les plus douces. Peu à peu, les lumières divines produisirent un grand jour dans son âme. Les choses du ciel devinrent l'objet de ses entretiens les plus chers. Aussi, conçut-elle dès ce moment le désir d'abandonner le monde, pour se donner tout à fait à Dieu.

Ses œuvres de piété ne la détournaient pas cependant des soins qu'elle devait à ses tendres enfants, et on la voyait attentive à conserver la plus belle harmonie entre elle et son vertueux époux. Jamais il ne se plaignit des moments qu'elle consacrait à l'oraison et à l'église, où elle communiait tous les jours. Elle savait allier la vigilance active de Marthe aux douces contemplations de Marie, en quittant Dieu pour Dieu. Elle fréquentait même la société, par considération pour le rang que sa famille occupait dans la ville, surmontant ainsi les répugnances que le monde et ses maximes lui avaient inspirées. Sa règle était de ne point considérer en elles-mêmes les choses temporelles, mais d'y voir la volonté de Dieu. Elle s'y portait dans cette vue et dans l'intention de lui plaire. L'Esprit saint lui avait appris, comme à sainte Catherine de Sienne, à bâtir dans son cœur un temple où elle se retirait à toute heure, vaquant néanmoins à son travail et aux affaires extérieures, sans sortir jamais de cette aimable solitude. Puissions-nous comprendre qu'il ne nous est pas non plus impossible de nous élever et de nous unir à Dieu, quelque multipliées que soient nos obligations temporelles! Le père Rosmer, jésuite, qui l'avait dirigée dans l'état du mariage, écrivit plus tard comme il suit à l'une de ses religieuses : *J'ai considéré le gouvernement de sa maison et celui de ses enfants; de plus, j'ai interrogé à ce sujet M. Maès, il m'a répondu que sa conduite était parfaite. Elle se montrait si prompte à exécuter les volontés de son mari*, dit un autre témoin oculaire, *que jamais il ne lui arrivait de le contredire*. Constamment appliquée à prévenir jusqu'aux moindres de ses désirs, elle s'y soumettait sans témoigner aucune répugnance, même pour les ajustements, quoique par goût elle eût désiré moins d'apprêt dans ces choses, auxquelles répugnait presque son austère vertu.

Fussent-ils aussi saints en apparence que les Pères du désert, les parents, qui négligeraient le soin de leurs enfants, deviendraient criminels aux yeux de Dieu. Aussi Mme Maës déploya-t-elle un grand zèle à former les siens à la vertu dès leur tendre jeunesse. Elle les aimait aussi sans faiblesse, usant d'une sévérité toujours tempérée par la douceur; s'appliquant sans cesse à leur donner bon exemple, et à leur montrer que l'amour de Dieu régnait dans son cœur.

Lorsque ses filles furent parvenues au degré d'instruction qui convient pour participer aux sacrements, elle leur inspira un profond respect pour ceux de pénitence et d'eucharistie, et les leur fit fréquenter selon la portée de leur âge. Elle les tenait près d'elle aux divers offices de la paroisse, et chaque soir elle les conduisait à la chapelle de Saint-Joseph, qu'elle avait érigée dans l'Eglise, de concert avec son époux. Une éducation première, aussi bien dirigée, ne pouvait manquer de porter ses fruits. L'aînée de ces deux enfants, à peine âgée de treize ans, se sentit une vocation prononcée pour l'état religieux. On consulta des personnes sages et désintéressées; et, sur les demandes réitérées de la jeune postulante, sa mère la conduisit à Douai, au monastère de la Paix Notre-Dame, dirigé alors par Florence de Verquigneul[1]. Elle y demeura comme élève pensionnaire jusqu'à l'âge de quinze ans; mais, au moment de prendre le voile de religion, elle fut atteinte d'une grave maladie, au retour de laquelle les médecins lui prescrivirent d'aller respirer l'air natal. La Providence amena cet évènement pour suivre

[1] Florence de Verquigneul, d'abord chanoinesse de Flines, avait fondé en 1604 le monastère de la Paix à Douai, pour les religieuses bénédictines. Elle y introduisit une réforme de l'ordre de Saint-Benoît. Ce fut elle qui en 1612 établit le couvent de la Paix-de-Jésus, dans la cité d'Arras. Il y avait aussi à Béthune une maison de cette réforme qui avait pris le nom de la Paix du Saint-Esprit.

l'exécution de ses desseins sur la famille Maës.

Un ordre parfait régnait dans l'intérieur de la maison de Mme Maës. On la voyait veiller sur ses domestiques comme sur des âmes dont le salut lui était confié. L'intempérance, les paroles déshonnêtes, le mensonge, les médisances, les querelles furent bannies de cet intérieur, devenu une sorte de sanctuaire pour la vertu. En les prenant à son service, elle les interrogeait sur les principaux mystères de la foi, prenait la peine de les instruire, et les envoyait aux catéchismes de l'église paroissiale. Souvent elle leur faisait des instructions particulières sur la manière de se confesser, et sur les dispositions qu'il faut apporter à la sainte communion. Du reste, elle voulait qu'ils fussent constamment occupés, afin de les distraire de la pensée du mal. Le soir, elle les réunissait pour leur faire une lecture dans la Vie des saints ou quelqu'autre bon livre. Cette conduite produisit sur plusieurs d'entr'eux les impressions les plus salutaires. Trois filles attachées à son service se consacrèrent à Dieu dans l'état religieux. L'une dans le couvent des Sœurs grises de Bourbourg, dont elle devint supérieure [1]; une autre dans celui de Sainte-Catherine de Sion, à Saint-Omer, où elle fut maîtresse des novices [2]; et une troisième dans la maison des Dominicaines de Bruges.

Le zèle de Mme Maës pour le salut du prochain ne put se contenir dans les limites étroites de sa maison. Souvent on la voyait

1 Les sœurs grises de Bourbourg desservaient un hôpital pour les malades. Il y avait une autre maison de charité pour les vieillards, les voyageurs et les orphelins.

2 Cette maison religieuse avait été établie en 1511 dans le faubourg du Haut-Pont, par Louis de Widebien, archidiacre de Thérouanne. On la transféra dans la ville en 1580, par suite des malheurs de la guerre. Jean Six, évêque de Saint-Omer, en consacra l'église en 1585. Valentin de Pardieu, gouverneur de Gravelines, passe pour avoir été l'un des principaux bienfaiteurs de ce dernier établissement. Son emplacement est occupé par des maisons construites depuis peu d'années et par des jardins. Il forme un vaste terrain borné par les rues de Sainte-Catherine et de Courteville, et par la rivière des Tanneurs. On battit monnaie dans ce monastère en 1793, avec toutes les cloches qui avaient été enlevées dans les églises et maisons religieuses.

(Notice de Collet sur Saint-Omer, et mémoire de la société des antiquaires de la Morinie, tom. 2.)

user avec sagesse de l'ascendant que lui donnait son rang, et plus encore la haute opinion qu'on avait conçue de ses vertus, pour détourner de l'ivrognerie, du blasphème ou d'autres désordres les hommes du peuple de Bourbourg. Elle leur faisait comprendre si bien leurs torts, et saisissait avec tant d'à propos les moments de les avertir, que presque toujours ils prenaient, en sa présence, la résolution de quitter leurs mauvaises habitudes. D'autres fois elle traçait aux femmes la ligne des devoirs qu'elles devaient suivre à l'égard de leurs maris. Ces exhortations eurent pour résultat le rétablissement de la bonne harmonie dans un grand nombre de familles. L'estime, d'ailleurs, qu'on faisait de ses éminentes vertus, la faisait rechercher des personnes de toute condition. Les unes pour recevoir des consolations dans le malheur, les autres pour être aidées de ses conseils.

L'amour de Jésus-Christ souffrant, si profondément gravé dans son cœur, se réflétait sur les pauvres, qu'elle regardait comme les images du Sauveur. Elle se vouait à toutes les œuvres de charité, quelques répugnances qu'elles pussent offrir à la nature; recueillant le jeune orphelin abandonné pour le revêtir, aprés l'avoir nettoyé de ses propres mains. Ses consolations les plus douces étaient de procurer des secours aux malheureux, et de soulager tous les genres de souffrances. « Ses mains, selon l'expression de la sainte Ecriture[1], ressemblaient à des vases d'or, d'où coulaient comme d'un fleuve la libéralité et la bienfaisance. »

Jusqu'à ce moment, M. Maës avait joui d'une santé qui donnait lieu d'espérer qu'il mènerait une longue carrière. Mais la Providence, qui déjoue, quand il lui plaît, les prévisions humaines, avait résolu que sa vertueuse épouse lui survivrait, pour l'accomplissement d'un dessein arrêté dans les décrets éternels. Toute sa vie, cet homme distingué avait donné à sa ville l'exemple d'un administrateur intègre et d'un bon chrétien. Mais, depuis peu d'années, le bien qui s'opérait dans sa maison avait produit sur son cœur des impressions qui avaient perfectionné ces dispositions. Aussi, dès qu'il fut atteint de la maladie qui le conduisit en peu de jours au tombeau,

1 Cantique des Cantiques.

accepta-t-il la mort avec une entière résignation. On vit sa chère compagne souffrir de toutes ses douleurs, se réserver presqu'exclusivement le soin de le servir, ne point quitter son lit, et joindre, à l'emploi des remèdes humains, le secours de ses prières, pour demander un heureux retour à la santé. Cependant le médecin crut devoir la prévenir que la maladie était mortelle, et qu'il était temps de songer à l'administration des sacrements. Aidée de la grâce de Dieu, elle eut le courage de l'avertir, et de l'exhorter elle-même à recevoir ces dernières consolations de la religion. Le malade, d'abord un peu effrayé, se sentit bientôt encouragé par l'espérance qu'il conçut dans les miséricordes de Dieu. Dès ce moment, il se disposa avec tout le zèle du plus fervent catholique à recevoir le sacrement de pénitence. Ce fut lui-même qui appela son confesseur M. de Cock, curé de Bourbourg, homme pieux et vénéré dans la paroisse. Son frère, alors capucin du couvent de Furnes, vint le visiter. Ce révérend père ne voulut l'abandonner ni le jour ni la nuit; ses entretiens, qui roulaient sur le bonheur du ciel, détachaient de plus en plus le malade des choses de la terre. De son côté, Mme Maës avait soin d'écarter les personnes qui auraient pu le distraire de l'unique et importante affaire qu'il eût désormais à traiter. Elle l'encourageait à souffrir avec résignation, et le portait à offrir à Dieu ses douleurs en satisfaction de ses fautes. C'était un spectacle attendrissant de voir ce pieux moribond produire des actes de contrition, de foi, d'espérance et de charité. Chacun formait le désir de mourir dans des dispositions aussi parfaites. Il les conserva jusqu'au dernier soupir, qu'il rendit après avoir reçu les sacrements d'extrême-onction et d'eucharistie, le 25 janvier 1614.

Sa veuve n'était âgée que de trente-trois ans. Comme autrefois sainte Paule, elle fut pendant quelque temps en proie à de profonds sentiments de tristesse; sa bonté naturelle les lui inspirait. Mais cette juste douleur fut tempérée, dans cette âme éminemment chrétienne, par l'espérance que son mari avait trouvé grâce devant Dieu. Elle se persuada aussi que cette séparation prématurée était l'œuvre du Ciel, et qu'elle était appelée à une vie plus parfaite encore que celle qu'elle avait menée dans l'état du mariage. M. Maës en avait eu lui-même le pressentiment; car en lui recommandant, peu d'heures avant sa mort, la plus jeune de ses filles, il lui dit qu'il était persuadé qu'elle se ferait religieuse.

Son principal soin fut de faire acquitter des prières et de répandre d'abondantes aumônes. Elle pria elle-même beaucoup, et lorsqu'elle eut réglé ses affaires temporelles de manière à assurer l'avenir de ses enfants, elle se donna de nouveau et plus que jamais tout à Dieu, tout à son amour et à son service.

Ses vêtements de deuil furent d'une simplicité telle, que Mme d'Ingelbert, gouvernante de Bourbourg, crut devoir lui faire observer que pour honorer la mémoire de M. Maës, et conserver à ses enfants le rang qu'ils étaient appelés à occuper dans le monde, elle devait se soigner davantage. Elle répondit qu'elle ne voulait plus rien voir sur elle qui ressentît le monde et ses vanités. Son sacrifice, en effet, était consommé, et elle avait adressé à Dieu ces paroles du psalmiste : *Vous avez rompu mes liens, Seigneur, je veux maintenant vous offrir un sacrifice de louanges*[1]. Vous avez brisé

1 Ps. 115.

les chaînes qui m'empêchaient de vous suivre, il est juste qu'obéissant maintenant à la voix de vos divines inspirations, je vous offre un sacrifice de tout moi-même; puissiez-vous l'avoir pour agréable; faites de moi ce que vous désirez pour votre gloire. Ce fut ainsi que cette femme remarquable, après avoir renoncé aux attraits de la vie contemplative, pour remplir ses devoirs d'épouse et de mère, ne songea plus qu'à plaire à Dieu, son cher et unique époux. Désormais son cœur ne sera plus partagé, aussi ne le verrons-nous brûler que des douces flammes de l'amour divin.

Sa fille aînée avait persévéré jusqu'à la mort de son père dans l'intention de se donner à Dieu dans la maison de Douai, d'où elle n'était sortie que pour rétablir sa santé. Quand elle eut connaissance des projets de sa mère, elle se sentit inspirée de la même ferveur, partagea ses intentions, et résolut de consacrer son corps et ses biens à la fondation du nouvel institut, qui devait être le fruit du zèle éclairé de ces deux servantes du Seigneur.

Melle Maës avait reçu du ciel les plus remarquables qualités du corps et de l'esprit. Elle était douée d'un jugement qui avait devancé son âge, et parlait avec facilité. Dieu lui avait donné une grâce admirable pour gagner les cœurs et convertir les âmes.

Dès ce moment, la mère et la fille s'unirent plus étroitement que jamais, et menèrent dans leur intérieur une vie véritablement angélique. Chaque jour elles recommandaient à Dieu leur pieux dessein, qui n'était autre que de convertir leur maison de Bourbourg en un monastère, ouvert à un ordre de religieuses jusqu'alors inconnu dans le diocèse de Saint-Omer et dans la Flandre autrichienne.

M. Maës avait acquis, quelques années avant sa mort, une maison dans l'un des quartiers reculés de Bourbourg; sa pieuse femme ne lui avait pas dissimulé qu'elle la jugeait propre à l'établissement d'une communauté. Ce fut en effet cette habitation qui devint le berceau des religieuses pénitentes ou capucines. Mme Maës y fit établir un oratoire, et c'était là qu'elle se livrait avec sa fille aux exercices de la contemplation. C'était là qu'après avoir satisfait aux autres devoirs de la journée, elles se retiraient pour réciter ensemble l'office divin. Une vie si parfaite faisait l'admiration de toute la ville, et l'on attendait généralement quelqu'effet signalé, qui en sortirait pour le service et la gloire de Dieu.

La plus jeune fille n'ayant pu encore acquérir le discernement que demandait un semblable genre de vie, Mme Maës, qui lui portait une tendresse éminemment maternelle, lui laissait toute la liberté que les mères chrétiennes accordent aux enfants de son âge, et loin de lui imposer le joug qu'elle supportait avec sa fille aînée, elle lui permettait de voir le monde avec ses jeunes compagnes, se bornant à la recommander à l'Esprit saint. En effet, il avait jeté le germe de la vocation religieuse dans le tendre cœur de cette jeune fille. Nous le verrons bientôt se développer et porter ses fruits.

Tandis qu'elle méditait, en présence de Dieu, sur le projet qu'elle avait conçu, prévoyant les difficultés qui viendraient traverser cette entreprise, souvent elle s'écriait dans un saint enthousiasme : *C'est en vous, ô mon Dieu, que j'ai mis mes espérances, faites que je ne sois pas confondue.* Ce fut dans cette disposition d'esprit qu'elle commença son œuvre en 1614, après la fête de Pâques. Ayant communiqué son projet à M. de Cock, doyen de la paroisse, et à messire d'Ingelbert, gouverneur de la ville, ils lui promirent de l'aider de leur crédit auprès de Mgr. l'évêque de Saint-Omer[1].

Ce prélat voulut bien l'encourager dans une première visite qu'elle lui fit, accompagnée de ses deux protecteurs. Il l'autorisa à lui communiquer les constitutions régulières qu'elle voudrait observer dans sa nouvelle communauté. Aussitôt qu'elle eut terminé ce travail, elle se rendit de nouveau à Saint-Omer, pour le présenter à l'évêque, qui demanda du temps pour l'examiner. L'approbation se fit longtemps attendre, et les hésitations du premier pasteur étaient de nature à décourager l'humble postulante. Cette épreuve lui devint une occasion de montrer la plus belle résignation à la volonté de Dieu ; M. le gouverneur et M. le doyen tentèrent inutilement de vaincre la résistance de l'autorité diocésaine. Ils revinrent découragés déclarer à Mme Maës que de nouveaux obstacles s'opposaient à l'exécution de l'entreprise. Tous ses amis regardaient cette affaire comme dé-

1 Jacques Blazeus, né à Bruges, VIe évêque de Saint-Omer, prit possession de ce siége en 1601 et l'occupa jusqu'à sa mort. (21 mars 1618.)

sespérée ; elle seule assurait au contraire que Dieu, en qui elle se confiait, déconcerterait toutes les prévisions humaines.

Le R. P. Augustin de Béthune, gardien des capucins de Saint-Omer, que Mme Maës avait pris pour directeur, se chargea de négocier cette affaire difficile, et fut assez heureux pour lever les inquiétudes qui arrêtaient la conscience du vénérable prélat. Il obtint l'autorisation de former auprès du magistrat de Bourbourg les demandes voulues en pareil cas, et il y eut unanimité dans ce conseil d'administration, tant était grande la confiance que Mme Maës avait inspirée par la multiplicité de ses bonnes œuvres et l'éclat de ses vertus.

Ces difficultés ainsi aplanies, elle s'empressa de faire opérer dans sa maison les divers changements qui furent jugés nécessaires, pour la distribuer à la manière des communautés cloîtrées. Deux filles du couvent de la Présentation, à Aire ; vulgairement dites *sœurs béguines*, y furent reçues d'abord avec l'autorisation de Mgr. l'évêque. Arrivées à Bourbourg, le 3 Octobre 1614, veille de la fête de saint François d'Assise, l'inauguration du monastère eut lieu le lendemain, afin d'obtenir ainsi plus efficacement la protection de ce Saint, dont cet institut devait suivre la règle. Telles furent les quatre pierres angulaires de cet édifice spirituel, que nous allons voir s'élever et s'étendre avec une si admirable promptitude [1].

[1] Le couvent de Bourbourg renfermait vingt-six religieuses en 1792. La mère supérieure voulut braver tous les périls de la révolution, et rester dans la ville pour soigner celles de ses filles qui ne purent s'émigrer à cause de leurs infirmités; les autres passèrent en Belgique et trouvèrent d'abord un asile dans les maisons de leur ordre, établies à Bruges et à Gand. Elles subirent le même sort que ces communautés qui, peu après, furent en butte aux persécutions. Celle de Bruges parvint à se cacher dans une maison de cette ville; mais celle de Gand se retira en Hollande et se trouva refoulée jusqu'à Middelburg. Là, une dame de Gand et l'abbé Goethals, vicaire général du diocèse, touchés du misérable état de ces religieuses, leur procurèrent un asile. Elles vécurent sur cette terre étrangère du produit de leur travail jusqu'en 1800. Les sœurs de Bourbourg vinrent à cette époque se réunir à leur mère supérieure, qui habitait avec trois ou quatre religieuses une fort petite maison qui lui avait été abandonnée par charité. La joie qu'éprouvèrent ces saintes filles, de se revoir après huit ans de séparation, leur fit oublier leur détresse et toutes les privations que l'exil leur avait causées.

Presque en même temps, sa fille cadette, alors âgée de quinze ans, demanda avec ins-

Le gouvernement français n'acquittait point alors les modiques pensions qui furent depuis accordées aux religieuses, que les évènements de la révolution avaient forcées d'abandonner leurs communautés. Les pauvres pénitentes se trouvaient à Bourbourg sans asile et sans pain. Elles prirent néanmoins en location une maison assez grande pour qu'elles pussent toutes s'y loger, et elles se mirent à observer leur régle aussi strictement que ce local pouvait le permettre. Toujours animée du désir de perpétuer la communauté, la supérieure écrivit aux sœurs qui étaient demeurées à Bruges, pour les inviter à se réunir. L'une d'elles, la sœur Geneviève, de Bailleul, eut le courage de traverser le pays en habit religieux, supportant les moqueries et les insultes de tous ceux auxquels il était encore odieux. Quelques autres demeurèrent, par zéle pour les constitutions monastiques que la situation des choses ne permettait pas d'observer encore entiérement en France.

L'ancien couvent et le mobilier qu'il renfermait, avaient été vendus au profit de l'état en 1793. Les bâtiments passérent en secondes mains par acquisition à M. Alexandre Thélu, négociant à Dunkerque, aprés qu'une partie eut été démolie. En 1816 ils servaient de quartier militaire à l'occupation anglaise cantonnée dans le nord de la France. Ce fut alors que les pénitentes réduites au petit nombre de six religieuses, conçurent le projet de racheter cet établissement. Elles s'en ouvrirent à leur directeur

tance à être reçue comme postulante. Elle fut admise en même temps que deux jeunes per-

M. l'abbé Debreyne, alors vicaire de Bourbourg, actuellement (1841) doyen d'Hazebrouck. Il entra dans leurs vues, entreprit le voyage de Bruges, où il obtint quelques religieuses qui vinrent avec la mère vicaire, ancienne professe de Bourbourg, compléter la petite communauté.

Elle était tellement pauvre dans les premiers temps de cette réunion, qu'il n'y avait pour literies que des bottes de paille, et pour nourriture que des légumes, du pain et de l'eau. On prit néanmoins courage; il semblait au contraire que la ferveur devenait plus grande à mesure que le dénûment des choses de la terre était plus absolu. L'office divin était chanté la nuit comme le jour. Ces pauvres filles se persuadaient que leur mère fondatrice ne les oubliait pas auprès de Dieu, et qu'il permettrait le rétablissement de la maison qui avait servi de berceau à sa réforme. Leur plus grande peine était de n'avoir point d'oratoire où elles pussent adorer le Saint-Sacrement. Elles allaient communier le matin, ou entendre la messe dans l'église paroissiale.

M. Thélu, ayant consenti en février 1817 à céder sa maison, sur les demandes de M. l'abbé Debreyne, on parvint, au moyen de quêtes à couvrir les frais de cette acquisition. Six religieuses se répandirent à cet effet dans plusieurs villes de Belgique, de la Flandre française et de l'Artois. Celles de Gand, Bruges, Bailleul, Saint-Omer et Aire se firent principalement remarquer par l'intérêt qu'elles prirent à

sonnes de Saint-Omer ; l'une d'elles, Marguerite Van Outdthorne, était fille d'un gentil-

cette bonne œuvre. La prise de possession de l'ancien monastère eut lieu le 23 juillet 1817. Dès le lendemain on bénit une chapelle provisoire. Les religieuses réunies au nombre de quinze, purent dès ce moment suivre toutes les observances régulières, garder la clôture et se livrer sans témoins aux saintes rigueurs de la vie pénitente. Les anciennes professes étaient encore à cette époque au nombre de neuf. Il en reste actuellement deux, dont l'une est âgée de quatre-vingt cinq ans, l'autre de quatre-vingt-trois. Ces exemples de longévité ne sont pas rares dans les communautés mêmes les plus austères.

Mgr. de Belmas, évêque de Cambrai, n'a cessé d'honorer de son intérêt la maison des pénitentes, en lui procurant les secours spirituels qu'elle eut à réclamer de sa sollicitude pastorale.

On commença en 1819 la reconstruction des diverses parties du monastère, qui avaient été détruites depuis 1793. Toutes les autorités de la ville assistèrent à la bénédiction de la première pierre. On fit sonner toutes les cloches à cette occasion, et la population témoigna la joie qu'elle éprouvait de voir restaurer un édifice destiné à faire fleurir la piété, et à perpétuer au milieu d'elle le souvenir des hautes vertus de Mme Maës. L'église fut terminée en 1823, et dédiée le 16 juin de cette année à la sainte Vierge et à saint François d'Assise. La communauté réunit actuellement vingt-sept religieuses professes et deux novices.

homme hollandais, qui avait quitté son pays pour conserver la foi catholique.

Il serait difficile d'exprimer la joie toute sainte qu'éprouva Mme Maës, en se voyant ainsi séparée du monde, et dans la société de cinq novices, animées du même zèle pour la prospérité de son nouvel établissement. Ses entretiens ne roulaient que sur Dieu, afin de ne vivre que pour lui. Elle formait ses sœurs à la vie pénitente, bien plus encore par ses exemples que par ses exhortations; ayant soin toutefois d'interdire les austérités aux plus jeunes, et se bornant à les former à la piété.

Quant à la pauvreté, elle la fit dès lors observer fort strictement. Le zèle qu'elle avait pour cette vertu était tel que, dès les premiers temps de sa viduité, elle avait donné tout ce qu'elle regardait comme superflu dans sa maison, et notamment divers objets mobiliers qui, dans la suite, eussent pu lui être d'une grande utilité.

Il ne manquait plus à son bonheur que d'être revêtue du saint habit de religion. Elle ne négligea rien pour en obtenir l'autorisation de Mgr. l'Evêque de Saint-Omer, le suppliant en même temps d'approuver les constitutions qui lui avaient été présentées, ou de les rédiger lui-même, en y opérant les changements qu'il jugerait convenables. Ce vénérable prélat lui abandonna le soin d'y mettre la dernière main : elle obéit, et aussitôt que son travail fut terminé, il l'approuva, en ordonnant que ces constitutions fussent désormais observées dans le nouveau monastère des pénitentes de Bourbourg.

Peu après il autorisa M. le doyen de Cock à donner aux postulantes le voile et l'habit religieux, et à présider à l'élection d'une supérieure. Ces cérémonies eurent lieu le jour de saint André 1614. Mme Maës accepta la charge de supérieure, malgré les répugnances que son humilité lui avait fait éprouver, et prit le nom de sœur Françoise de Saint-Omer. Sa fille aînée, Antoinette-Florence Maës, fut nommée sœur Agnès de Bourbourg. Cette coutume de prendre un autre nom est ancienne dans les communautés religieuses ; elle fut établie pour marquer qu'en se vouant au service de Dieu, on doit perdre de vue tout ce qui tient au monde, selon cette pensée du Psalmiste [1]. *Ecoute, ma fille, vois et incline*

[1] Psaume 44.

ton oreille, et oublie ton peuple et la maison de ton père, et le roi convoitera ta beauté. Véritables Epouses du Roi du ciel par leur consécration à la vie religieuse, les filles destinées à une alliance aussi sublime, doivent oublier les liaisons de la terre pour servir Dieu, à l'exclusion de ce qu'elles ont de plus cher au monde.

Dès ce jour, l'office divin fut chanté selon le rit de Rome dans la nouvelle communauté, et on l'y continua depuis, la nuit comme le jour, malgré le petit nombre des religieuses.

Dans la persuasion où elle était que sa charge de supérieure lui imposait le double devoir de l'instruction et du bon exemple, notre vénérable fondatrice s'y appliqua constamment : aussi ses filles firent-elles de rapides progrès dans les voies de la perfection. Les exercices spirituels et intérieurs étaient surtout l'objet d'une continuelle attention. Les moments étaient marqués pour l'exercice de l'oraison mentale aussi bien que pour la préparation à la sainte communion, pour les lectures spirituelles, les examens de conscience et les retraites intérieures.

Ces religieuses ne manquaient jamais, du reste, de découvrir à leur supérieure ce qui se passait dans le for de leur conscience. Elle était la fidèle dépositaire de leurs peines comme de leurs joies spirituelles; car elles comprenaient toutes que Dieu ne leur avait donné une mère aussi parfaite que pour leur servir de lumière au milieu des ténèbres de leurs esprits. Se reposant dans le sein de son affection, elles se laissaient conduire comme de petits enfants, et obéissaient avec une abnégation parfaite de leur volonté propre et une entière soumission de leur jugement.

Le silence est le plus sûr gardien du véritable esprit de religion. On ne parlait donc qu'après les repas; et pour rendre cette privation moins difficile à supporter, les lectures publiques étaient multipliées. La mère supérieure y ajoutait les réflexions que l'esprit de Dieu ne manquait pas de lui inspirer. Elle avoua un jour à ses religieuses que ces lectures furent l'un des moyens les plus efficaces dont elle se servit pour l'avancement de sa famille spirituelle.

Sa vigilance auprès de ses filles était incomparable. Elle se privait du repos de la nuit pour les servir et les encourager dans leurs maladies. Aussi attribuaient-elles, après Dieu, auteur de tous les biens, le bonheur dont elles jouissaient, à leur vénérable mère. Ces consolations les portaient à remplir avec amour les obligations les plus pénibles de la règle.

Quoique l'hiver de 1614 à 1615 eût été l'un des plus rigoureux du dix-septième siècle, on n'apporta aucun adoucissement aux austérités; il ne fut rien ajouté aux vêtements non plus qu'à la nourriture, et l'on continua d'aller nu-pieds, de coucher sur la dure; rarement on approchait du feu. Tel est l'esprit qui, à toutes les époques, s'est fait remarquer parmi les hommes, que les entreprises les plus parfaites rencontrent toujours quelques contradicteurs. Ceux qui improuvaient la détermination de Mme Maës applaudissaient à cette intempérie, assurant qu'elle découragerait les novices et que cette œuvre se trouverait ainsi réduite au néant. Le mensonge et mille fausses suppositions aidaient à déverser le ridicule sur les fidèles servantes du Seigneur, afin de les décourager et de leur faire abandonner leur sainte résolution. Elles s'estimèrent heureuses au contraire de supporter ces humiliations pour Jésus-Christ, et ce mal apparent leur fit faire un pas de plus dans la voie de la perfection. Bien plus, il se présenta quelques postulantes dans le cours de cette année si malheureuse, entre autres Melle Marie Cuper, issue de l'une des plus honorables familles de Bourbourg.

Au froid excessif de l'hiver succédèrent des chaleurs inusitées dans la Flandre, dont le ciel est souvent humide et chargé de brouillards. Cette transition de l'un à l'autre excès dans la température nuisit à la santé des novices; presque toutes tombèrent en même temps malades. La supérieure et sa fille aînée furent atteintes les premières; les médecins conçurent même des appréhensions qui causèrent de vives alarmes. Cette affliction se prolongea pendant quelques mois, car toutes furent successivement éprouvées par le même mal. Dieu inspira à ces bonnes filles le courage de se soigner mutuellement et de continuer même l'office divin, malgré le petit nombre de celles qui pouvaient y assister.

Le désir qu'avait Mme Maës d'introduire dans son institut une grande austérité de vie, la porta à demander à Mgr. l'évêque la permission d'établir une perpétuelle abstinence de viande, ou du moins d'en faire l'épreuve. Cette demande fut accueillie; mais la complexion délicate de plusieurs des religieuses et quelques autres considérations, déterminèrent le prélat à révoquer peu après ce qu'il avait accordé. Il ordonna de se borner aux abstinences prescrites pour les jours dont il est fait mention dans la règle du tiers-ordre de Saint-François. Cette ordonnance fut constamment observée depuis dans les diverses maisons fondées pour les capucines.

Le régime intérieur se trouvant ainsi réglé, Mme Maës se prépara aux vœux de religion avec les trois premières novices. Elles disposèrent toutes de leurs biens en faveur de l'établissement. Ces donations peu importantes, se trouvant ainsi réunies, suffirent pour procurer à cette maison une garantie d'existence.

Mgr. l'évêque de Saint-Omer exprima tout le regret qu'il éprouvait de ne pouvoir, à cause de ses infirmités, se rendre à Bourbourg, pour recevoir lui-même les vœux de ces saintes filles. Il délégua à cet effet M. de Cock, qui était leur confesseur ordinaire. Cette cérémonie, à laquelle toute la ville prit beaucoup de part, eut lieu le 2 Décembre 1615.

L'humble servante de Dieu ne voulut, après sa profession, d'autre titre, comme supérieure, que celui de *mère Ancelle*. La charité le lui fit choisir pour elle et les religieuses qui lui succéderaient dans cette charge, afin de leur faire comprendre qu'elles étaient établies de Dieu pour gouverner leurs filles, comme des mères charitables ou plutôt d'humbles servantes, ce que signifiait, dans l'idiome de ce temps, le terme d'*ancelle*. Le lendemain de cette solennité, sa plus jeune fille, Marie Maës, reçut l'habit religieux et prit le nom de sœur Ignace de Bourbourg. Une autre jeune fille, Melle Durant, née à Bergues St.-Winoc, prit le voile en même temps.

Les pénitentes de Bourbourg, devenues professes, se portèrent avec une nouvelle ferveur à la pratique des vertus propres de leur état, c'est-à-dire, aux exercices spirituels de la vie intérieure et à une très-exacte observance de leurs constitutions régulières. Leur mère les entraînait par ses exemples, animait leur zèle et les rendait si parfaites, que la réputation de ce nouveau monastère se répandit dès ce moment dans la plupart des villes de Flandre. Aussi y reçut-on, dans l'intervalle de peu de mois, des postulantes de Gravelines, d'Aire, de Nieuport et de Bergues.

Vers le même temps, Mme Maës, belle-mère de la fondatrice, disposa d'une partie de ses biens en faveur de la nouvelle communauté. Elle consacra l'autre, de concert avec son fils, le père Célestin, à l'établissement d'une maison de capucins, à Bourbourg; il en fut le premier supérieur ou gardien. Ainsi débarrassée des biens de ce monde, Mme Maës ne s'occupa plus que d'œuvres de piété, se retira avec ses filles dans le couvent des pénitentes, et y mourut à l'âge de quatre-vingt-cinq ans.

Persuadée que le nombre des religieuses ne saurait contribuer au bonheur des maisons régulières, si elles ne sont animées du véritable esprit de leur saint état, la supérieure n'admettait à la profession que des novices suffisamment éprouvées. Celles qui n'annonçaient qu'une vocation chancelante, incertaine, étaient remises à leurs familles, sans aucun égard aux avantages temporels qu'elles pourraient procurer à l'établissement. Ce fut ainsi que sa maison devint en peu de temps une sorte de paradis terrestre, dont les fleurs méritèrent bientôt d'être transplantées dans plusieurs villes de la province de Flandre. Telles sont les bénédictions que Dieu se plaît à répandre sur les lieux où il est servi avec pureté de cœur, comme le faisaient les pauvres pénitentes de Bourbourg.

En effet, la bonne odeur que ce nouvel institut répandait ainsi de tous côtés avait son centre dans les hautes vertus et les saints exercices que pratiquaient les religieuses. Elles étaient des modèles de recueillement et de véritables victimes de mortification, d'humbles colombes par leur simplicité et des anges par leur pureté; entièrement dégagées de toute affection aux créatures et étroitement unies au créateur.

Les pères capucins de la province rhénane, informés de la sainteté de la maison de Bourbourg, firent demander qu'une colonie de religieuses leur fut envoyée pour la formation d'un établissement à Paderborn. Mais la vénérable mère répondit que, ses filles étant trop jeunes et trop peu expérimentées dans la vie religieuse, elle ne les croyait pas capables d'une aussi haute entreprise. Une semblable demande fut faite peu de temps après pour la ville de Mons : cette fois elle crut devoir consulter Mgr. l'évêque de Saint-Omer et son ancien directeur, le père Augustin de Béthune, devenu provincial des capucins. Tous deux furent d'avis qu'il ne fallait pas rejeter cette demande, mais attendre, pour l'exécution de ce pieux dessein, que ses religieuses eussent acquis plus d'âge et d'expérience. Elle répondit dans ce sens, et la demande ne fut pas renouvelée. Le couvent de Mons ne fut établi que quelques années après sa mort.

Cependant la nouvelle communauté avait réuni vingt-quatre religieuses professes, et plusieurs jeunes personnes avaient exprimé le désir de s'y consacrer à Dieu. La mère supérieure ne put résister plus longtemps à leurs supplications. Elle remarquait d'ailleurs que celles de ses filles qui depuis six ans suivaient les règles de la réforme, seraient bientôt capables d'être placées à la tête d'un nouvel établissement. Elle finit donc par prêter l'oreille aux pressantes sollicitations qui lui étaient faites, mais elle voulut qu'auparavant sa congrégation fût approuvée par le saint-siége, et fit poursuivre cette demande par le P. Simon d'Audenarde, provincial des capucins. Ce père, s'étant rendu à Rome pour assister au chapitre général de son ordre, obtint du pape Paul V cette approbation, qui fut donnée par un bref du 2 juin 1619.

La première communauté sortie de la maison mère fut celle de Bergues. Un propriétaire de cette ville, François Durant, avait successivement accédé au désir que deux de ses filles lui avaient témoigné de se consacrer à la vie religieuse, dans la nouvelle communauté de Bourbourg. Son fils avait pris le même parti dans l'ordre des capucins. Il jugea qu'il ferait une chose agréable à Dieu et méritoire pour son salut, en abandonnant ses biens, à l'exemple de ses enfants, pour fonder une maison dans sa ville natale, où Dieu serait servi comme il l'était à Bourbourg. Il communiqua son projet à la vénérable mère qui lui promit sa coopération; mais, sur ces entrefaites, Mgr. l'évêque de Saint-Omer mourut, emportant les regrets de tout son diocèse, et particulièrement de la communauté, qui, ne faisan que de naître, éprouvait le plus grand besoin de ses encouragements et de ses suffrages. La douleur que causa cette perte fut tempérée néanmoins par la nouvelle qu'on reçut peu après de la nomination d'un successeur.

Mgr. Paul Boudot voulut bien aussi honorer les pauvres pénitentes de sa protection. Il vint les visiter au mois d'août 1619, et consacra la chapelle du monastère. On saisit cette occasion pour lui communiquer le projet d'un établissement à Bergues. Il agréa cette proposition et permit à la mère supérieure d'envoyer là quelques religieuses; mais il lui défendit de quitter son diocèse, ajoutant qu'il avait le projet de fonder avec elle une maison du même ordre dans sa ville de Saint-Omer. Elle le remercia de tant de bienveillance, mais elle crut devoir lui faire remarquer que déjà le chef lieu du diocèse réunissait un grand nombre de monastères d'hommes et de femmes. Monseigneur insista, et elle se soumit sans aucune autre observation à ce qu'il lui plairait de demander d'elle.

Cette résolution, qui ne tarda point à avoir son effet, fit naître une difficulté au sujet de la fondation du couvent de Bergues; car le fondateur voulait que la mère vînt elle-même y établir sa réforme. Elle répondit qu'elle ne pouvait avoir d'autre volonté que celle de son supérieur. Il parut satisfait de cette réponse, et fit des démarches auprès du magistrat pour obtenir l'autorisation d'acquérir un vaste jardin, où il voulait élever les bâtiments du monastère. La plus saine et la plus nombreuse partie des échevins se montra favorable à cette fondation. Mgr. d'Hennin, évêque d'Ypres, y donna son consentement, avec l'assurance qu'il verrait avec bonheur et consolation un couvent de la réforme s'établir dans son diocèse.

Cependant, M. Durant redoublait ses instances pour obtenir que la mère supérieure vînt se placer à la tête de la petite colonie qu'il voulait amener dans sa ville de Bergues. Les autorités s'unissent à lui, et répandent ainsi le trouble et la perplexité dans l'âme de la fondatrice. Dans cet embarras, elle a recours à Dieu, et lui demande avec son humilité et sa ferveur ordinaire que sa sainte volonté s'accomplisse. Elle est exaucée; car bientôt elle surmonte cette difficulté et conduit cette affaire avec tant de prudence, qu'on se borne à demander les religieuses, sur lesquelles elle arrêtera elle-même son choix. La sœur Ursule d'Aire fut envoyée en qualité de supérieure avec l'une des filles du fondateur, qui avait pris le nom de sœur Françoise de Bergues, et deux autres sœurs dont l'une était née à Nieuport et l'autre à Crayewick.

Avant leur séparation, elle les exhorta avec un zèle tout plein de l'esprit de Dieu, à se maintenir constamment dans l'exacte et étroite observance de leurs constitutions monastiques, dans l'esprit de pauvreté, de simplicité, de mortification et de recueillement; leur mit sous les yeux la responsabilité qui pèserait sur elles, si, par leur négligence, elles venaient à perdre la ferveur qui les avait animées jusqu'à ce moment. Elle se mit ensuite en prières, demanda à Dieu, dans toute la ferveur de son âme, qu'il bénît la sainte entreprise de ces chères filles; puis elle les bénit. Agenouillées devant celle qui les avait formées aux plus héroïques vertus, ces quatre sœurs se sentirent vivement émues et versèrent des larmes; car « il ne peut s'exprimer, ajoute l'auteur que nous suivons, combien grande, combien cordiale et intime était l'union, la paix et la charité en Dieu de cette petite famille. » Cette séparation eut lieu le 8 mai 1620. Les pénitentes furent reçues à Bergues par une députation prise dans le corps des échevins, et complimentées à l'entrée de la maison qui devait leur servir provisoirement de monastère. Toute l'assistance fut édifiée des expressions pleines de sagesse et de modestie qui se firent remarquer dans la réponse de la supérieure.

La fondation de la maison des pénitentes de Saint-Omer fut, de la part de Mme Maës, l'œuvre de la résignation et de l'obéissance; car jamais elle n'avait pensé à cette ville, à laquelle pourtant des liens de famille devaient naturellement l'attacher. Mgr. l'évêque, aidé de son archidiacre l'abbé Morlet, se chargea d'aplanir toutes les difficultés auprès du gouverneur-général des Pays-Bas, et fit acheter un terrain qui jusqu'à ce moment avait servi aux exercices des arquebusiers[1]. L'administration de la ville consentit à cet établissement.

Avant de quitter Bourbourg pour prendre la direction de cette nouvelle communauté, elle confia à sa fille aînée l'administration de la maison-mère. Cette nomination, si conforme aux intentions des sœurs, adoucit l'amertume des regrets qu'elles éprouvèrent de se voir

[1] Collet, notice historique sur Saint-Omer, p. 88.

séparées d'une aussi tendre mère. Elle mit tout en œuvre pour les consoler, les assurant qu'elles seraient constamment présentes à son esprit. *Je vous ai toutes engendrées en Jésus-Christ*, leur dit-elle, *votre mère ne vous oubliera pas dans ses prières.*

Ce fut dans ces sentiments qu'elle quitta, le 1 juillet 1620, sa chère fondation de Bourbourg, emmenant avec elle sa fille cadette la sœur Ignace, et les sœurs Claire de Saint-Omer et Françoise de Lille. M. le doyen de Cock voulut les accompagner, ainsi que la gouvernante Mme d'Ingelbert et d'autres personnes distinguées de la ville[1].

Plusieurs dames de Saint-Omer vinrent les devancer avec des voitures, dans lesquelles

[1] La maison des Pénitentes de Saint-Omer est aujourd'hui détruite. Elle comprenait tout le terrain depuis la rue de la Commune-Basse, jusqu'au retour de celle de l'Avoine; toutefois, l'église existe encore en partie. Les Anglais résidant dans cette ville y ont formé, dans un étage supérieur, un oratoire protestant. La première pierre de cet édifice fut posée le 25 juillet 1622 par Mgr. Boudot, évêque de Saint-Omer. Cet établissement renfermait en 1792 vingt-deux religieuses de chœur et deux converses. (Archives départementales du Pas-de-Calais.)

elles firent monter ces saintes filles, pour qu'elles ne fussent point en spectacle à toute la ville dans un chariot découvert. Elles furent reçues à l'entrée du monastère par le père gardien des capucins et M. Morlet, qui les complimenta au nom de Mgr. l'évêque, qui était alors absent. Divers membres du clergé et un grand nombre de personnes notables avaient voulu être témoins de cette réception. Aussitôt que cette société se fut retirée, Mme Maës voulut prendre connaissance de la direction imprimée aux travaux qui s'exécutaient, et se mit ensuite avec ses filles à préparer les ornements et autres choses nécessaires à la célébration de la messe pour le lendemain. Elles y passèrent une partie de la nuit et firent si bien, que le petit oratoire se trouva décemment orné, selon la simplicité de leur profession religieuse. M. l'archidiacre Morlet vint y célebrer la messe le lendemain, fête de la Visitation de la sainte Vierge, et le père gardien des capucins y prêcha sur la nouvelle fondation.

Mme Maës, qui avait entrepris cette œuvre pour procurer la gloire de Dieu et le salut des âmes, s'appliqua à se sanctifier elle-même de plus en plus. Elle fit une confession générale, comme si elle eût voulu embrasser une vie nouvelle et plus parfaite. Son humilité était telle, qu'il lui semblait que jusqu'alors elle n'avait rien fait qui pût la rendre agréable à Dieu. Semblable à saint François d'Assise, père de son ordre, qui, après avoir opéré des prodiges, croyait n'avoir rien fait et disait à ses religieux : *Commençons, mes frères, commençons à bien faire; car, jusqu'à ce moment, nous n'avons été que des serviteurs inutiles.*

Elle s'adressa aussi à la sainte Vierge, pour lui recommander cette nouvelle entreprise, et lui dédia ce monastère avec un profond sentiment de piété, suppliant cette patronne de toutes les vierges de le prendre sous sa protection, d'en être la perpétuelle supérieure; afin d'y assurer la stricte observance de la réforme, dans l'esprit de pauvreté, d'humilité, de mortification et de prière, qu'elle venait y introduire avec la grâce de son divin Fils. Ces demandes furent exaucées; car cette maison se maintint constamment dans la ferveur de sa première institution.

A peine fut-on établi à Saint-Omer, que plusieurs postulantes vinrent de diverses contrées se présenter pour être admises au noviciat. Il y eut six vêtures dès les trois premiers mois. L'une de ces novices, Gertrude de Furstembergue, était fille du prince de ce nom, gouverneur de Westphalie. Elle abandonna généreusement son pays, s'arracha à son illustre famille et renonça aux distinctions qui l'attendaient dans le monde, pour venir à Saint-Omer, guidée par la renommée du couvent qui venait de s'y établir, et y servir Dieu selon la règle des capucines. Elle remplit pendant plusieurs années la charge de supérieure, et édifia longtemps ses consœurs par ses éminentes vertus.

Voyant que le nombre des religieuses augmentait, pressée d'ailleurs par les instances de plusieurs postulantes, Mme Maës fit changer le plan primitif du monastère, et ordonna qu'il fût distribué de manière qu'elle pût y recevoir au moins cinquante religieuses. Quatre ans suffirent pour élever cet édifice, en sorte que le jour de la Présentation de la sainte Vierge 1624, on célébra solennellement la première messe dans la nouvelle église. Les cinq premières années depuis la fondation étaient à peine écoulées, que déjà quarante-neuf religieuses avaient été revêtues du saint habit de la réforme[1]. Il avait fallu qu'elle travaillât nuit et jour à leur instruction, et qu'elle s'appliquât avec autant et plus de fatigue à la surveillance des travaux occasionnés par la construction d'un vaste bâtiment. Souvent il lui arriva de ne pouvoir monter qu'avec une peine extrême l'escalier du dortoir, tant elle était accablée de lassitude. Malgré ces embarras temporels, elle ne retranchait rien de ses sollicitudes spirituelles, et lorsque, harassée de fatigue, quelques-unes de ses filles venaient lui communiquer leurs peines d'esprit, ou se plaindre de leur santé, elle les recevait avec une charité non pareille et se privait du repos, qui lui était si nécessaire, pour les entendre et les consoler. Dieu

[1] Le costume des pénitentes consiste en une tunique et un habit de drap gris-brun. Elles ceignent ces vêtements d'une assez forte corde de crin à plusieurs nœuds. Les novices ont un voile blanc, et les religieuses professes portent un voile noir qui les couvre jusqu'à la ceinture, et au dessous duquel est un manteau qui descend jusqu'aux genoux. Le voile est plus long quand elles doivent paraître en présence des séculiers. Elles vont nu-pieds ou plutôt elles n'ont que des sandales.

lui avait donné un tact remarquable pour leur apprendre à résister aux tentations et à en demeurer victorieuses. Elle se portait de si grand cœur et avec une charité si maternelle, à les encourager dans la poursuite du chemin de la perfection, que rien ne la fatiguait dans les services qu'elle leur rendait à cet égard. De là vint que des quarante-neuf novices dont il vient d'être parlé, il n'y en eut que six qui ne purent persévérer, et la plupart pour défaut de santé. Toutes appartenaient à de bonnes maisons, plusieurs même étaient distinguées par leur naissance, et quoiqu'elles fussent nées en diverses contrées, l'Esprit saint les avait tellement unies, qu'elles ne faisaient, comme autrefois les premiers fidèles, qu'un cœur et qu'une âme.

M. l'archidiacre Morlet avait pris la charge de confesseur ordinaire de cette nombreuse communauté. Il réunissait à une longue expérience de la conduite des âmes, une candeur extraordinaire qui lui attira la confiance de toutes les religieuses, et particulièrement celle de la supérieure qui n'entreprenait rien sans l'avoir consulté. Aidé du R. P. gardien des capucins de Saint-Omer, il parvint à fixer le cœur et l'esprit des religieuses, dans un entier éloignement du monde et de ses maximes, et dans une parfaite mortification des sens.

Cette maison se trouvant ainsi établie, Mme Maës visita avec l'agrément de MM. les évêques de Saint-Omer et d'Ypres, les couvents de Bergues et de Bourbourg. Son séjour dans la première de ces villes fut de peu de durée. Toutefois, comme il s'agissait de la construction du nouveau monastère, elle en donna le plan, et posa la première pierre en présence du corps des échevins, qui prit l'engagement de supporter la dépense des toitures.

Elle adressa aux religieuses des instructions publiques et particulières, les exhorta à poursuivre l'œuvre de leur perfection, à lutter contre l'amour-propre, à maîtriser leurs passions et à s'appliquer à l'oraison mentale : elle leur recommanda ce dernier exercice comme le plus propre à attirer les grâces de Dieu et à donner aux religieuses la force et le courage de supporter avec une joie toute céleste les saintes rigueurs de la vie monastique. Ces exhortations, animées de l'esprit de Dieu, produisirent dans ces âmes déjà ferventes un redoublement d'ardeur et de courage dans le service de Dieu.

Les filles aînées de Bourbourg avaient conçu une sainte impatience de recevoir aussi la visite d'une mère, qui s'était montrée si attentive et si tendre pour elles. Et, en effet, elles la reçurent avec une joie et une consolation inexprimables; sa fille, la sœur Agnès de Bourbourg devenue supérieure de ce couvent, la supplia de permettre qu'elle n'en remplît aucune fonction pendant le séjour qu'elle ferait dans la maison; mais elle s'y refusa absolument, et voulut au contraire que la supérieure exerçât tout ce qui appartenait à sa charge. Elle refusa pareillement de prendre la première place au chœur. Elle demandait à sa fille en toute humilité les choses dont elle avait besoin pour son usage, et n'allait pas au parloir sans qu'elle en eût obtenu la permission. Les religieuses ont remarqué qu'elle pratiquait avec un plaisir singulier ces actes de soumission. Toute la communauté garda le souvenir de cette visite, et se sentit animée d'un zèle plus grand encore à marcher dans les voies de la perfection.

De retour à Saint-Omer, elle s'appliqua plus que jamais à fixer la vertu dans le cœur des âmes confiées à sa direction. Voulant en faire autant d'images vivantes de Jésus crucifié, elle les formait aux pratiques de l'humilité, de la patience, de la mortification tant intérieure qu'extérieure, et les portait à cette sainte haine que le divin maître prescrit à ceux qui veulent le suivre. Elle leur apprenait à mourir à toutes les petites faiblesses de la nature, et à passer de la vie des sens à celle de l'esprit, c'est-à-dire à vivre en Dieu, selon Dieu et pour Dieu.

Déjà la Providence avait répandu ses bénédictions sur la sainte entreprise de Mme Maës. Les établissements qu'elle avait fondés jouissaient d'une prospérité spirituelle, qui lui fit naître la pensée que d'autres maisons pourraient bientôt s'établir. Elle songea dès-lors aux moyens d'y conserver leur première ferveur. Son tendre cœur, épris d'ailleurs de l'amour des âmes de ses filles, désirait constamment de les rendre chaque jour plus belles et plus parfaites. Elle crut donc nécessaire d'opérer quelques changements aux constitutions; mais, avant qu'elle s'en occupât, des prières eurent lieu dans les trois communautés, pour demander à Dieu qu'il mît la dernière main à son œuvre, et qu'il inspirât à sa servante les moyens dont il voulait qu'elle se servît pour assurer la perpétuité de cette réforme. Mgr. Boudot, évêque de Saint-Omer, et le R. P. Augustin de Béthune, provincial des capucins, se chargèrent de l'examen de ces constitutions : ils les approuvèrent. Le nonce apostolique, alors en mission près la cour de Bruxelles, les confirma, et, quelque temps après, elles furent traduites en latin pour être présentées à l'approbation du pape Urbain VIII. On verra sous peu comment elles furent reçues par ce souverain pontife.

Cependant la vénérable mère fondatrice était instamment sollicitée d'établir de nouvelles maisons de sa réforme en diverses villes de Flandre et d'Artois. L'ardent désir qu'elle avait de procurer la gloire de Dieu, la portait d'une part, à satisfaire à ces demandes; mais les difficultés inexplicables, qui toujours venaient traverser ces saintes entreprises, les lui faisaient payer fort cher. Heureusement, il n'y avait rien de si pénible et de si laborieux, qu'elle n'entreprît et supportât de grand cœur, quand il s'agissait du salut des âmes, tant était grand son amour pour Dieu, tant était vive et brûlante sa charité envers le prochain.

La quatrième fondation eut lieu dans la ville d'Aire[1]; sept religieuses y furent envoyées sous la direction de la sœur Bernardine de Gravelines, qui était venue à Saint-Omer, du couvent de Bourbourg, pour se former à l'administration sous la conduite de la mère fondatrice. On lui confia ces sept professes pour la mettre à même de faire célébrer immédiatement les offices divins dans cette nouvelle maison, et d'y faire observer tous les exercices réguliers. M. l'archidiacre Morlet, devenu doyen du chapitre de Saint-

[1] La communauté d'Aire, dissoute en 1792, avait conservé un excellent esprit religieux. La mère Wuillez, dernière supérieure, née à Aire, vrai modèle de toutes les vertus, y mourut vers 1820, après avoir longtemps édifié cette ville. Elle avait tenté de réunir ses filles dans une maison particulière, mais les troubles de la révolution ne lui permirent pas de réaliser ce projet. Les bâtiments du monastère, situés rue des Capucins, servent actuellement de manège à la garnison.

Omer, déploya un grand zèle pour l'avancement de cette fondation. Il fit lui-même toutes les démarches nécessaires en pareille occasion auprès des autorités de la ville. Lorsqu'il eut tout réglé et qu'un fond de terre eut été mis à la disposition des religieuses, il voulut que Mme Maës y conduisît elle-même ses filles. Elle s'y soumit sans observations; mais quelques religieuses de Saint-Omer, ayant eu connaissance de ce projet, lui représentèrent en toute humilité qu'elle ne pouvait abandonner la direction de sa plus nombreuse famille composée de religieuses, à peine sorties du noviciat, et qui toutes avaient le plus grand besoin de ses maternelles instructions. Elles supplièrent donc M. le doyen Morlet de permettre que leur mère ne les abandonnât pas : il eut égard à ces réclamations, et trouva bon qu'elle ne se rendît point à Aire. Elle se soumit avec la même simplicité d'esprit, montrant ainsi à toutes combien était prompte et parfaite son obéissance à soumettre son jugement à celui de son supérieur.

Ce fut le 20 Septembre 1625, que les religieuses dont on avait fait choix pour l'établissement d'Aire partirent de Saint-Omer. M. Morlet les accompagna et les introduisit dans une maison qu'il avait fait distribuer à la manière d'un petit monastère. Le lendemain, il célébra sa messe dans l'oratoire après qu'il l'eût dédié à la sainte Vierge, à saint François d'Assise et à saint Bonaventure.

Tandis qu'on s'occupait de l'établissement des capucines d'Aire, Mgr. l'évêque de Saint-Omer avait demandé au pape Grégoire XV une extension des priviléges accordés à la réforme par Paul V, son prédécesseur. Ce pape les étendit aux communautés qui s'étaient formées depuis la première concession. En même temps, le roi d'Espagne Philippe IV les autorisa à acquérir des biens, meubles et immeubles en quantité suffisante, et jusqu'à concurrence de celle désignée dans les constitutions de ces mêmes établissements.

En Octobre 1625, la princesse Isabelle-Claire-Eugénie, infante d'Espagne, gouvernante des Pays-Bas, vint à Saint-Omer avec sa cour; et pendant le séjour qu'elle y fit, elle voulut voir la vénérable fondatrice. Sa qualité de souveraine lui fit ouvrir toutes les portes du monastère, et elle pénétra jusque dans la cellule de la mère supérieure. Là, elle l'entretint familièrement, et l'invita à recommander à Dieu dans ses prières plusieurs affaires importantes qui intéressaient son gouvernement. A son tour, la vénérable mère supplia son Altesse d'avoir pour agréable qu'un couvent de la réforme fût établi dans sa ville de Bruxelles. Elle le permit avec beaucoup de grâce, ajoutant qu'aussitôt que les formalités requises en pareil cas seraient remplies, on la trouverait disposée à prêter son consentement. Cette fondation ne put être effectuée qu'après le traité des Pyrénées en 1659, à cause des guerres qui depuis 1635 jusqu'à cette époque, affligèrent la Flandre et l'Artois.

La fondation du couvent de Liége suivit de près celle de la ville d'Aire, et fut marquée par de graves difficultés. Quand on eut obtenu les autorisations voulues en pareille circonstance, on détacha de la maison d'Aire la sœur Bernardine de Gravelines, et on l'envoya avec deux autres professes en prendre possession. Elles partirent le 15 Octobre 1626, accompagnées du chapelain de la maison de Saint-Omer.

Les affaires de cette fondation, que Mme Maës avait abandonnées à l'un de ses supérieurs ecclésiastiques, mirent sa patience aux plus rudes épreuves, car il désapprouvait souvent le lendemain ce qu'il avait cru bon d'entreprendre la veille. Néanmoins elle avait pris pour règle de ne le contredire jamais. Il fallut pour cela qu'elle fît constamment violence à son caractère, car elle était douée d'une grande vivacité d'esprit et d'un rare jugement. Elle fit usage de cette dernière faculté dans la fondation du couvent de Liége plus qu'en toutes les autres, et Dieu la fit réussir, malgré les nombreuses contradictions qui vinrent la traverser, lesquelles, selon l'ordre naturel des choses humaines, devaient anéantir cette entreprise.

La sixième fondation se fit dans la ville de Lille. Elle fut due principalement aux sollicitations de deux honorables bourgeois de cette importante cité, dont l'un se nommait Jacques Robert, et l'autre Jean du Toict : tous deux avaient une fille religieuse dans la maison de Saint-Omer. Pénétrés de vénération pour la fondatrice, et intimement convaincus de la sainteté de son nouvel institut, ils la supplièrent de permettre qu'ils entreprissent les demandes voulues en pareille occasion auprès des autorités civiles et ecclésiastiques.

On élargissait en ce moment l'enceinte de la ville, et ce leur fut un motif de demander qu'on réservât une portion du terrain qui devait être mise à la disposition des habitants, pour y élever, entre autres édifices, un monastère de la réforme, tel qu'il en existait à Saint-Omer, à Bourbourg et dans d'autres villes. Leur demande fut accueillie par le magistrat. Mgr. l'Evêque de Saint-Omer avait souscrit à ce projet, et la mère supérieure avait réclamé en même temps l'avis du ciel par ses prières.

Maximilien de Gand [1] était alors évêque de Tournai. M. le doyen Morlet se rendit près de ce prélat pour lui donner connaissance de

[1] Maximilien Vilain, dit de Gand, était fils de Maximilien comte d'Isenghien, gouverneur de Lille, Douai et Orchies. Il prit possession du siége de Tournai le Ier mars 1616, et fut sacré le 14 du même mois. Ce fut lui qui prononça l'oraison funèbre de l'archiduc Albert d'Autriche. Ce prélat enrichit sa cathédrale de deux statues d'argent, l'une de la Vierge, l'autre de saint Maximilien. Il mourut le 29 novembre 1644. On lui donna pour successeur son neveu, François Vilain d'Isenghien, qui gouverna le diocèse jusqu'en 1666. Gallia christiana, t. III. fol. 244-245.

l'ardent désir qu'avaient témoigné plusieurs personnes notables de Lille, de voir fonder dans leur ville une maison de pénitentes, et, pour le mettre à même de mieux apprécier ce nouvel institut, il lui en confia les constitutions régulières. Ce pieux pontife en fit aussitôt la lecture, et dit le lendemain à M. Morlet en les lui remettant : *J'ai lu ces constitutions avec un singulier plaisir, et j'estime heureuses les filles qui les observent.* Il ajouta qu'il acquiesçait très-volontiers à la demande qui lui était faite pour la ville de Lille, et qu'il éprouverait désormais une satisfaction bien douce en s'édifiant dans ce nouveau monastère. M. le doyen de Saint-Omer revint avec des lettres d'admission, et Dieu fut loué d'un aussi heureux succès. Peu de temps après, lorsque toutes les dispositions furent prises pour le départ, la vénérable mère prit les ordres de Mgr. de Tournay, qui répondit qu'il voulait la recevoir lui-même avec celles de ses filles qui devaient commencer l'établissement. Elle n'avait point eu jusque-là la pensée de quitter Saint-Omer, même temporairement; mais on le lui prescrivit, à cause de l'importance de la ville de Lille et pour d'autres motifs qui lui furent suggérés. Elle se soumit dès lors simplement, sans se permettre aucune observation.

On quitta Saint-Omer le 8 mai 1627; Mgr. Boudot était alors nommé à l'évêché d'Arras; il bénit ces religieuses avant leur départ, et témoigna à la mère fondatrice l'espérance qu'il avait de la revoir dans l'une des villes de son nouveau diocèse, où il avait dessein d'introduire son institut. A cet effet, il limita l'autorisation qu'il lui accordait de séjourner à Lille ainsi que sa fille cadette, la sœur Ignace de Bourbourg; quatre autres religieuses, dont deux étaient nées à Lille et les autres à Tournay, devaient demeurer pour former la communauté.

La séparation de Mme Maës d'avec ses chères filles de Saint-Omer excita de sensibles regrets, dont elles ne purent se consoler que dans la pensée qu'il fallait, dans une aussi triste conjoncture, se soumettre à la volonté de Dieu, qui se manifestait par la voix des évêques de Saint-Omer et de Tournai.

Avant de les quitter, cette tendre mère recommanda à la divine bonté ses enfants de Saint-Omer, et alla déposer les clefs du monastère aux pieds de l'image de la sainte Vierge, honorée dans le chœur de l'Eglise sous le titre de Notre-Dame de Foi. Quant à sa personne et à la petite colonie qu'elle conduisait, elle les confia entièrement aux soins de la divine Providence, et aux mérites de la sainte obéissance qui lui faisait entreprendre cette fondation sans aucun moyen humain. Aussi s'était-elle habituée à nommer la maison de Lille *le couvent de la divine Providence*. En effet, le fonds de terre qui avait été acquis pour le bâtir et les frais nécessités par suite des premières constructions qu'on avait faites, avaient été couverts au moyen d'emprunts. Ces embarras ne la rebutèrent pas; elle se rendit à Lille avec une tranquillité d'esprit aussi parfaite que si elle eût été abondamment pourvue de toutes choses, tant elle aimait la pauvreté si puissamment recommandée par le Sauveur à ses apôtres.

On se rendit à Aire, où il fallut séjourner pour visiter les religieuses du couvent de cette ville. De là ces saintes filles furent conduites par M. Legrand, supérieur du séminaire de Saint-Omer, qui d'abord s'arrêta avec elles au monastère de Beaupré, situé sur la Lys, au territoire de La Gorgue ; l'abbesse les reçut avec beaucoup d'honneur et de charité [1].

Le lendemain, veille de l'Ascension, elles arrivèrent à la célèbre abbaye de Marquette, où elles furent accueillis par l'abbesse, Marguerite du Chastel, avec de grands témoignages d'affection [2]. Elles y demeurèrent jusqu'au mercredi de la semaine suivante, jour

[1] L'abbaye de Beaupré, de l'ordre de Citeaux, fut fondée en 1221 par les seigneurs Robert et Daniel, avoués de Béthune. Leurs prédécesseurs avaient établi une collégiale dans le village de Loestrem ; le pape en autorisa la suppression, et ils la convertirent en un monastère de filles, qui se perpétua au territoire de La Gorgue, jusqu'en 1793.

[2] Jeanne de Constantinople, comtesse de Flandre, dota cette abbaye en 1227, selon l'opinion des frères de Sainte-Marthe, et en 1230 d'après Gazet. Les religieuses ne vinrent s'y fixer qu'en 1236, lorsque les bâtiments furent achevés. Saint Louis confirma alors les donations faites à cet établissement. Jeanne de Constantinople, devenu veuve de Ferdinand de Portugal, avait épousé Thomas, fils d'Amé, comte de Savoie. Elle gouverna avec ces deux époux la Flandre et le Hainaut, l'espace de quarante ans, et mourut à Marquette en 1244, après y avoir pris le voile de religion. On l'inhuma près de son mari Ferdinand, dans ce monastère. Elle fonda en outre des hôpitaux à Gand, Ypres, Valenciennes, Bruges et Lille. Celui de cette dernière ville retint le nom *d'hôpital comtesse.*

désigné par Mgr. de Tournai pour les introduire lui-même dans leur petite maison de Lille. Les dames de Marquette avaient fait disposer un appartement avec plusieurs lits pour les pauvres pénitentes, mais elles remarquèrent avec étonnement qu'elles en retiraient les matelas pour ne coucher que sur la paille. Elles ne sortaient non plus de cette chambre que quand elles étaient appelées par le supérieur du séminaire, pour se rendre à l'église et entendre la messe ; elles se voilaient alors et tenaient en main un crucifix. Toutefois les dames de l'abbaye étaient reçues à certaine heure du jour dans le quartier occupé par les pénitentes, pour jouir de leurs entretiens. Mme Maës les encourageait dans le service de Dieu et les engageait à continuer l'œuvre de leur sanctification, dans l'ordre religieux qu'elles avaient embrassé. Elle avait coutume, en effet, d'affermir les âmes dans l'état où elles se trouvaient placées, et d'accorder les mêmes sentiments d'estime à tous les ordres religieux, assurant que tous renfermaient de véritables amis de Dieu, choisis par sa Providence pour servir de lumière au reste des fidèles, en les portant par leurs exemples à travailler efficacement à leur salut.

Sachant combien la mère fondatrice avait de zèle pour le culte de la mère de Dieu, l'abbesse de Marquette lui fit présent d'une statue de la sainte Vierge, artistement sculptée, et qu'on destina à l'ornement du chœur de la chapelle du couvent de Lille. Mme Maës ne pouvait recevoir de plus agréable souvenir de son séjour dans ce monastère; aussi accepta-t-elle cet hommage avec le sentiment de la plus touchante reconnaissance.

Mme la comtesse d'Isenghien, gouvernante de Lille, voulut devancer nos pauvres pénitentes jusqu'à Marquette. L'abbesse et les principales dignitaires de sa maison les conduisirent jusqu'à Lille. Mgr l'évêque les attendait à l'entrée de la petite chapelle du couvent; après qu'il leur eut donné sa bénédiction, Mme Maës lui lut en présence de l'assemblée ses lettres d'obédience. Un *Te Deum* avait été préparé, des musiciens l'exécutèrent, le prélat célébra ensuite la messe, et donna la sainte communion aux nouvelles religieuses. Son archidiacre l'abbé Boucher fit ensuite un discours très-édifiant pour toute l'assemblée, après lequel Mgr de Tournay vint entretenir la mère fondatrice, accompagnée du prévôt de la collégiale de Lille [1], M. Ingelbert des Bois, depuis évêque de Namur. Le prélat lui fit prendre l'engagement de donner ses soins à cette nouvelle communauté. Lorsqu'on eut terminé cette solennité, les Dames de Marquette, en prenant congé de Mme Maës, lui demandèrent sa bénédiction, elle s'en excusa; mais monseigneur lui ayant ordonné de leur accorder cette consolation, elle fit par obéissance ce qu'elle avait refusé par humilité.

A peine furent-elles établies dans le local destiné à les recevoir provisoirement, que plusieurs jeunes personnes de la ville et des

[1] Le comte de Flandre Baudouin V, surnommé *de Lille*, à cause de l'affection qu'il portait à cette ville, est le premier auteur de l'importance à laquelle elle est parvenue dans la suite. Son père Baudouin *à la belle barbe* en avait commencé les fortifications; il les termina et bâtit le palais connu depuis sous le nom de *salle*, ainsi que la collégiale de Saint-Pierre, qu'il dota richement pour quarante chanoines. Cette église fut consacrée en 1066 par Baudouin, évêque de Noyon et de Tournay, assisté des prélats d'Amiens et de Thérouanne. Le comte Baudouin, de Lille, mourut un an aprés, et fut inhumé dans cette église. (d'Oudegherst, édition de Lesbroussart, t. II p. 251, et Gazet, p. 257.)

lieux environnants se sentirent inspirées de se consacrer au service de Dieu, dans l'ordre des pénitentes. On commença les bâtiments du monastère au printemps suivant, et la première pierre fut placée en présence de Mgr l'évêque de Tournay, du gouverneur de Lille, du magistrat de cette ville, et d'un grand nombre de fidèles.

Avant de quitter Saint-Omer, la vénérable fondatrice avait supplié Mgr. l'évêque d'user de tout le crédit dont il jouissait auprès de la cour de Rome, pour obtenir d'Urbain VIII la confirmation de la réforme et celle des constitutions régulières. M. Boudot s'adressa, pour mieux réussir, à son éminence le cardinal Bentivoglio devenu son ami, depuis sa nonciature à Bruxelles. Il mit ce prélat romain au courant de tout ce qu'avait fait Mme Maës, depuis le commencement de son œuvre, jusqu'au temps où il écrivait. Le cardinal mit un vif empressement à faire accueillir les demandes formées au nom des pauvres pénitentes, si bien qu'elles obtinrent tout ce qu'elles avaient sollicité. Un bref apostolique leur fut expédié par lequel sa sainteté déclare que la congrégation des religieuses pénitentes dites capucines, était légitimement et validement établie, selon les formalités prescrites en pareille matière. Ce pape accorda en même temps un autre bref contenant divers priviléges, et des grâces particulières pour toutes les maisons de cette congrégation présente et à venir à perpétuité [1].

A cette époque Mgr. Paul Boudot avait pris possession du siége d'Arras, et l'abbé Morlet, ancien archidiacre et plus récemment doyen du chapitre de Saint-Omer, en était devenu évêque. Mme Maës lui adressa ainsi qu'à Mgr. de Tournay, ces bulles apostoliques. Tous deux en bénirent le Seigneur. Les pénitentes en furent d'autant plus honorées qu'elles avaient plus souffert jusqu'à ce moment, des oppositions de quelques personnes qui n'avaient pu voir de bon œil ce nouvel institut. Il faut ici admirer la foi inébranlable de la fondatrice et sa confiance en Dieu, car jamais elle ne perdit courage au milieu de ces contradictions. La conduite de tant d'affaires délicates amenées ainsi à heureuse fin, malgré les préjugés qui toujours viennent entraver les plus saintes

[1] Ces titres sont conservés dans les archives de la maison de Bourbourg.

entreprises, montre que Dieu agissait en elle et avec elle; aussi était-ce à lui seul qu'elle en attribuait le succès et toute la gloire.

Pendant le séjour qu'elle fit à Lille, M. Wulens, homme considéré dans Courtrai par sa position sociale, vint lui faire de pressantes sollicitations pour la création d'une maison de sa réforme dans sa ville. Jamais il n'avait vu la mère fondatrice, mais on lui avait fait un si beau portrait de sa vertu, que, sans la connaître il avait conçu pour elle le plus profond respect. Il vint la voir plusieurs fois, et plus il l'entretenait, plus aussi son désir de voir ses filles s'établir à Courtrai croissait dans son esprit et dans son cœur. Il la supplia donc d'y consentir; mais Mme Maës dont le zèle était toujours réglé par la prudence, craignit de trop embrasser à la fois. Car, à cette époque elle avait conçu le projet d'un établissement à Douai, *en multipliant la nation*, disait-elle avec Isaïe, *vous n'avez pas, ô mon Dieu, augmenté la joie*. D'autre part, il lui semblait que la grâce avait sans doute touché le vertueux Wulens et qu'elle devait souscrire à ses demandes. Dans cette situation flottante, elle consulta ses directeurs, sans l'avis desquels elle n'entreprenait rien d'important; ils furent d'avis qu'il fallait accorder, en demandant toutefois un délai. Elle informa Mgr. de Tournay des démarches faites pour un établissement à Courtrai, et de ses résolutions à cet égard. Il lui témoigna sa satisfaction au sujet de cette nouvelle œuvre dont elle allait s'occuper dans l'intérêt de son diocèse. Le bourgmestre et les échevins de Courtrai firent parvenir presque en même temps leur adhésion, de sorte que cette affaire fut négociée dès l'an 1628. Dans l'intervalle qui s'écoula depuis cette époque jusqu'à l'exécution de l'entreprise, M. Wulens fit des démarches multipliées pour l'achat d'un terrain propre à recevoir la construction d'un monastère, il y réussit, et Mme Maës prit l'engagement de couvrir les frais de cette acquisition à divers termes.

Son soin principal était, dans ces circonstances, de faire choix de religieuses capables de diriger avec zèle et sagesse ces nouveaux établissements. Cette considération l'arrêta au sujet de la prise de possession de celui de Courtrai; elle voulait attendre; mais lorsqu'on y eut appris que des négociations avaient lieu pour la fondation d'une maison de pénitentes à Douai, on fit de nouvelles et pressantes instances pour qu'aussitôt on exécutât le projet arrêté de terminer celle de Courtrai. Mme Maës ne put résister au vœu qui s'exprimait par la voix de la population de cette cité. Elle fixa son choix sur trois religieuses qu'elle fit venir du couvent de Bruges; savoir : les sœurs Bernardine de Cassel, Angeline d'Ypres, et Madeleine de Bergues. Elles arrivèrent à Courtrai le 16 octobre 1630. Toutes trois méritèrent par leurs vertus, de diriger successivement cette maison en qualité de supérieures. Elles y propagèrent le véritable esprit de charité et de ferveur, d'humilité et de pauvreté qui rendit si parfaites les communautés fondées par Mme Maës. Toujours fidèles à la consulter, jamais elles n'entreprenaient rien d'important sans avoir pris son avis. Elle-même les aimait par prédilection à cause de leurs vertus, et les considérait comme ses plus chères filles en Jésus-Christ. Leur zèle trouva sa récompense dans les bénédictions que Dieu répandit sur le couvent de Courtrai, qui devint fort prospère en peu d'années.

L'esprit de Dieu régnait avec un tel empire

dans le cœur de cette illustre fondatrice, que quelque chose qu'elle entreprît, c'était toujours pour servir à son amour et procurer sa gloire. Si elle fonde de nouvelles communautés, ce n'est que pour y faire donner au monde le spectacle du saint amour qui anime les bienheureux dans la céleste patrie. Si elle reçoit les filles qui viennent se jeter dans ses bras, pour se confier à sa direction, c'est pour les soustraire aux dangers du monde, les détacher des créatures, et augmenter ainsi le nombre des épouses du Fils de Dieu. Si elle se transporte d'une ville à l'autre, c'est encore l'amour de Dieu qui fait ces changements; c'est pour obéir ainsi en divers lieux à sa volonté sainte. C'est ainsi que le soleil répand partout sa lumière et communique à la terre sa fécondité.

Louise de Lorraine, princesse douairière de Ligne, avait aplani, de concert avec Mgr. l'évêque d'Arras, Paul Boudot, les difficultés qui s'étaient d'abord présentées pour la fondation du couvent de Douai. Lorsque la maison que cette princesse avait procurée fut disposée pour recevoir les religieuses, Mme Maës s'y rendit avec sa fille, la sœur Ignace de Bourbourg et six autres sœurs. Elle quitta donc Lille, le 20 juillet 1630, après avoir reçu les remerciements et la bénédiction de Mgr. de Tournay. Le docteur Sylvius, chanoine de Saint-Amé, avait été chargé de le recevoir [1]. Un *Te Deum* fut chanté ce jour-là même dans une chapelle provisoire, et le lendemain, ce docteur y célébra la messe. La vénérable fondatrice demeura à Douai pendant plus de six ans, et fit élever presque tous les bâtimens du monastère. Elle y forma vingt-deux religieuses à la vie intérieure et spirituelle. Nous ne pouvons énumérer toutes les difficultés qu'elle eût à surmonter pour ache-

[1] François du Bois, plus connu sous le nom de Sylvius, naquit en 1581 à Braine-le-Comte en Hainaut. Après qu'il eut enseigné à Louvain où il avait terminé ses études, il devint professeur de théologie à Douai, supérieur du séminaire de cette ville, chanoine de Saint-Amé, et enfin doyen de cette collégiale. Il mourut en 1649. Ses œuvres furent imprimées à Anvers en 1698, en six volumes in-fol., et à Paris en 1724. On les trouve à la bibliothèque d'Arras. Ce sont des commentaires sur la Genèse, et sur la Somme de saint Thomas, un livre sur l'état de l'homme après le péché, et sur les principaux points de la foi qui sont en controverse. On a édité en même temps un grand nombre de décisions que ce docteur avait données sur des difficultés particulières.

ver cette entreprise ; qu'il suffise de dire qu'elle supportait dans ces occasions, avec une résignation parfaite, toutes les peines de corps et d'esprit qui sont les suites nécessaires de pareilles œuvres. Pour prendre courage, elle méditait sur cette maxime de saint Augustin : *Où est l'amour, il n'y a ni peine, ni travail ; et s'il y a fatigue, l'amour nous la fait aimer.*

Mgr. de France avait succédé à M. Morlet sur le siége de Saint-Omer. Les pénitentes de cette ville firent au nouveau prélat de vives instances pour obtenir qu'il demandât le retour de leur mère fondatrice. Elles alléguèrent pour cela des motifs très-importants, qui concernaient le bien spirituel et même temporel de leur maison. Il y eut égard, ainsi qu'à leurs justes et pieux désirs. Les affaires de son administration l'ayant appelé à Douai, il honora Mme Maës de sa visite, et lui fit entendre que son retour était non-seulement désiré, mais nécessaire pour assurer la perpétuité de son œuvre à Saint-Omer. Il ajouta qu'elle y serait plus utile à la gloire de Dieu, en gouvernant cette nombreuse famille, composée de quarante-huit religieuses. Elle crut devoir soumettre d'humbles représentations et alléguer des motifs qui, selon sa manière de penser, devaient la retenir encore à Douai. L'évêque ne put les agréer, et elle se soumit à tout ce qu'il trouva bon de lui prescrire.

La sœur Marie de Furstembergue était alors supérieure de la maison mère; elle unissait à une grande prudence toutes les autres vertus propres à l'exercice d'une charge aussi importante, mais ses infirmités continuelles lui avaient rendu ce fardeau trop pesant. Mgr. l'évêque accepta sa démission et prit jour avec la communauté pour de nouvelles élections. Il voulut y présider, et, avant l'émission des suffrages, il déclara qu'il autorisait la communauté à porter ses voix sur une religieuse d'un autre couvent, si elle le jugeait convenable au bien commun. La mère fondatrice fut élue à l'unanimité, et aussitôt Mgr. de France lui en écrivit, aussi bien que ses pieuses filles, qui la supplièrent avec d'affectueuses instances de revenir au milieu d'elles.

La guerre, commencée en 1635 entre la France et l'Espagne, avait causé de grands maux dans l'Artois. La communauté des pénitentes de Saint-Omer manquait de ressources pour subvenir aux besoins les plus indispensables. En outre, la ville était en proie à une maladie contagieuse, qui décimait ses malheureux habitants. Il arriva d'inhumer cent cadavres en un jour. Mme Maës n'hésita pas néanmoins à s'y rendre, pour se conformer à la volonté de Dieu, qui se manifestait par la voix de ses supérieurs. Elle s'empressa donc de mettre ordre aux affaires spirituelles et temporelles de la maison de Douai; tandis qu'elle s'en occupait, les vicaires-généraux du siége d'Arras vacant lui écrivirent pour lui exprimer le regret qu'ils éprouvaient de la perdre.

Avant son départ, elle consola ses religieuses, leur adressa de salutaires instructions, et traça particulièrement à sa fille, la sœur Ignace de Bourbourg, la ligne de devoirs qu'elle aurait à suivre dans la charge de supérieure, qui venait de lui être imposée [1]. Les

[1] Nous trouvons dans les œuvres manuscrites du Père Ignace, capucin d'Arras, que la maison de Douai continua de prospérer sous la direction de la sœur Ignace de Bourbourg, qui dura treize ans. Elle fit bâtir l'église dont la première pierre fut bénite le 26 octobre 1638, par Mgr l'évêque de Tournay, accompagné du prince de Ligne, du comte de Fauquembergue, de Jean de Vaucel, abbé d'Anchin, et du provincial des Capucins. Ce jour-là même, la

regrets exprimés dans cette circonstance par sa tendre fille, qui jamais ne l'avait quittée, furent pour elle une occasion de rudes combats contre ses sentiments naturels. Après qu'elle lui eut donné sa bénédiction, ainsi qu'à toute la communauté, elle alla se jeter aux pieds de l'image de la sainte Vierge, devant laquelle on la vit répandre de ferventes prières. Elle suppliait la Mère de Dieu d'offrir à son divin Fils l'hommage de sa résignation dans le douloureux abandon qu'elle faisait de ce couvent, et la conjurait en même temps de ne point délaisser ses chères filles, de veiller sur elles et de les adopter pour ses enfants.

Les regrets qu'éprouva la communauté, en la perdant, furent partagés par un grand nombre de personnes des plus considérées de la ville. On vint lui représenter qu'elle ne pouvait se rendre à Saint-Omer, où l'épidémie exerçait de si cruels ravages, sans s'exposer à

princesse douairiére de Ligne avait fait profession dans ce même couvent, sous le nom de Claire-Françoise de Nancy. L'église fut consacrée le 2 juin 1643, par François Vanderburck, archevêque de Cambrai, assisté de deux vicaires généraux du siége vacant d'Arras.

un péril évident d'y perdre la vie. On la conjurait au moins d'attendre que le mal ait diminué d'intensité. Elle répondait avec une grande humilité à ces observations, que Dieu ayant manifesté sa volonté par l'organe de ses supérieurs, elle voulait se jeter, malgré ces dangers, dans les bras de sa providence paternelle, afin qu'il fît d'elle ce qu'il lui plairait, soit pour la vie, soit pour la mort. *Quand je serais sûre de mourir*, disait-elle, *je ne voudrais pas différer d'obéir pour me conserver la vie. Le Seigneur Jésus n'a-t-il pas mieux aimé la perdre sur la croix que de désobéir à Dieu son Père ?*

Plusieurs personnes distinguées de Douai voulurent la conduire. On partit de cette ville le 9 septembre 1636, et l'on arriva à Aire le lendemain. Mme Maës y visita les pénitentes, qui lui exprimèrent tout le bonheur qu'elles éprouvaient de la revoir. Elle les quitta presque aussitôt, par considération pour la société qui ne pouvait séjourner à Aire, et se rendit ce jour-là même à Saint-Omer. Toute la communauté la reçut avec une joie d'autant plus grande, qu'elle avait fait plus de démarches et employé plus de sollicitations pour la ramener au milieu d'elle. Son premier soin fut de remercier Dieu d'un retour désiré depuis si longtemps. Cette nombreuse famille avait en effet grand besoin d'une mère aussi vigilante, dans les malheureuses circonstances où elle se trouvait; car, outre la contagion qui dépeuplait la ville, on souffrait considérablement des suites de la guerre. Les pauvres pénitentes en particulier étaient à la veille de manquer des choses les plus nécessaires à la vie; mais Mme Maës régla si bien les affaires de la maison, qu'elle parvint à lui procurer de quoi vivre selon la pauvreté que prescrit l'état religieux. Elle attribuait cet heureux résultat de sa prévoyance administrative aux mérites de sainte Anne, mère de la sainte Vierge, qu'elle invoquait dans les nécessités temporelles. La communauté lui rendait un culte particulier les mardis de chaque semaine, et aussi souvent qu'elle éprouvait quelque nécessité urgente; jamais cette sainte mère de Marie ne manquait d'y pourvoir par son crédit puissant auprès de Dieu.

Cependant le maréchal de Châtillon vint en mai 1638 mettre le siége devant Saint-Omer; il ne fut levé que le 15 juillet suivant, après que le prince Thomas, qui commandait pour l'Espagne, eut attaqué les lignes françaises par le marais, emporté trois redoutes près le fort du bac, à Saint-Momelin, et procuré ainsi du secours à la place [1]. Les privations que les habitants dûrent supporter pendant ce blocus, qui dura près de deux mois, engendrèrent des maladies qui les firent mourir en grand nombre. Trois religieuses de la maison des pénitentes y succombèrent. A la dissenterie qui régna d'abord, succédèrent des fièvres malignes, dont vingt-trois sœurs furent attaquées en même temps. Ce fut dans cette circonstance surtout que la vénérable supérieure déploya toute la charité qui l'animait. Elle voulut rendre elle-même à ces malades tous les services que réclamait leur position, les servant avec un intérêt vraiment maternel, les visitant la nuit comme le jour et préparant elle-même les remèdes, afin de ne rien négliger pour les rétablir. *Ah! Dieu*, s'écrie en cet endroit l'auteur de sa vie : *Que doux et amoureux sont les effets de votre divine providence envers les âmes qui vous servent en vérité*

[1] Mémoires de Montglat.

de cœur, comme faisaient ces vertueuses religieuses, auxquelles vous avez envoyé, en un temps si calamiteux, leur bonne et charitable mère, pour les aider et servir dans leur plus grand besoin, dans leurs plus pressantes nécessités, soyez-en éternellement béni.

Mme Maës ne se borna pas à procurer à la maison de Saint-Omer ces consolations temporelles, elle s'appliqua avec plus de zèle encore à la doter, par ses instructions, de richesses spirituelles, qui devaient en faire dans la suite le modèle des couvents de la réforme. Ce fut là, en effet, que les saintes traditions se conservèreut. Souvent elle s'étudiait à faire comprendre à ses religieuses la difficulté de maintenir la même discipline dans plusieurs maisons du même ordre, éloignées les unes des autres, et soumises à divers supérieurs ecclésiastiques. Avant de mourir, elle recommanda à toutes ces communautés de se conformer toujours à l'avenir aux observances régulières du couvent de Saint-Omer, de lui soumettre les difficultés qui pourraient naître sur l'interprétation des constitutions et sur la manière de les observer. Cette sorte de supériorité contribua à maintenir dans cette maison-mère l'esprit de simplicité, d'humilité, de ferveur et de pauvreté évangélique, qui la rendit si respectable à toute la ville jusqu'à la dispersion des religieuses en 1792.

Les sublimes vertus qui se pratiquaient dans les établissements religieux fondés par Mme Maës portèrent leur bonne odeur jusqu'en Allemagne. Depuis plusieurs années, quelques saintes filles, désireuses de mener un genre de vie conforme à celle des pères capucins, s'étaient réunies à Cologne, à Bonn et à Paderborn. Elles exprimèrent le vœu de s'unir à la congrégation récemment fondée en Flandre, et de suivre ses constitutions. Pour mieux réussir, elles eurent recours au crédit de Ferdinand de Bavière, prince, électeur, archevêque de Cologne, qui entreprit en 1638 toutes les démarches nécessaires à la réalisation de ce projet. Ses lettres ont fait voir combien il avait conçu d'estime pour l'institut fondé par Mme Maës.

Elle eut d'abord quelque peine à consentir à cette union, malgré les pressantes et honorables sollicitations qui lui étaient faites, car elle craignait que ces filles d'Allemagne, qui déjà avaient suivi une règle qui différait de la sienne, ne ressentissent trop de répugnance à la quitter pour embrasser ses constitutions. Ce ne fut que sur l'assurance réitérée de leur volonté ferme et constante qu'elle finit par y donner les mains. De plus, elle consulta le R. P. Augustin de Béthune, provincial des capucins, qui, après avoir étudié mûrement cette affaire, crut y voir la volonté de Dieu et l'obligea d'y coopérer. Elle le fit sans différer davantage, et envoya à ces religieuses une copie authentique de ses constitutions, traduites en langue latine et telles que le souverain pontife Urbain VIII les avait approuvées. On les présenta à l'archevêque de Cologne, qui permit qu'elles fussent littéralement observées. Un exemplaire de ces constitutions, traduites en langue allemande et précédées d'une instruction rédigée par ce prince, fut adressé à Saint-Omer en 1640, et déposé dans les archives du couvent des pénitentes. Ce fut à l'époque de leur union avec ces trois maisons d'Allemagne qu'elles prirent le nom de capucines; on le trouve depuis ajouté dans les brefs apostoliques à celui de *sœurs de la pénitence*.

Mme Maës avait ajouté à l'envoi des constitutions celui du cérémonial des vêtures et des professions; les sœurs d'Allemagne s'y conformèrent exactement et vécurent depuis dans cette sainte uniformité d'observances. La vénérable fondatrice leur écrivait souvent, leur témoignant une tendresse vraiment maternelle, qui les portait à persévérer dans les sentiments de ferveur avec lesquels elles avaient embrassé son institut [1].

Le prince archevêque de Cologne, qui administrait en même temps l'évêché de Liége, demanda l'établissement d'un couvent de la réforme dans la ville de Saint-Trond, de ce dernier diocèse. Mme Maës y envoya, en 1641, des religieuses qu'elle détacha de la maison qu'elle avait à Liége. C'était la huitième fondation, sans y comprendre les trois couvents d'Allemagne. Nous trouvons dans les mémoires manuscrits du P. Ignace, capucin d'Arras, qu'environ un siècle après, la Belgique et la Flandre française renfermaient vingt communautés de cet ordre. La révolution française n'en épargna aucune; quatre seulement par-

[1] Ces établissements existent encore en Allemagne, et sont en relation avec les maisons rétablies en Belgique.

vinrent depuis à sortir des ruines causées par cette tempête à jamais mémorable dans les fastes de l'Eglise catholique : ce sont les maisons de Bourbourg, de Liége, d'Anvers et de Méerendré, à deux lieues de Gand.

Les œuvres de pénitence, les peines d'esprit et les immenses travaux qu'avait supportés Mme Maës depuis l'entreprise de ses fondations, en 1614, avait usé sa santé. Elle était d'ailleurs d'une complexion délicate, sujette à des infirmités; et elle se ménageait si peu, qu'elle ne voulut jamais rien soustraire aux exigences de la règle, concernant les offices de la nuit, les jeûnes et autres austérités prescrites par les constitutions. Dieu néanmoins lui ménageait de rudes épreuves et de cruelles souffrances pendant sa dernière maladie. Lorsque, dès le 6 Octobre 1641, elle se trouva atteinte d'une fièvre continue, les médecins ne dissimulèrent pas à ses filles le danger du mal. Toute la communauté se tourna vers Dieu dans l'extrême affliction qui l'accablait. Les maisons de l'ordre furent aussitôt informées de cette situation; partout on se mit en prières et l'on y ajouta des œuvres de pénitence pour obtenir la conservation d'une vie si chère. Ces saintes filles furent exaucées en partie ; et l'on espéra pendant quelque temps un heureux retour à la santé ; mais cette espérance fut de courte durée, et il parut manifeste que Dieu usa envers sa fidèle servante des moyens qu'il plaît à sa bonté infinie de mettre en œuvre, pour épurer les âmes les plus belles dans le creuset des souffrances. La malade comprit parfaitement cette dernière épreuve, car, dans une lettre qu'elle écrivit à sa fille, la sœur Ignace de Bourbourg, elle lui disait que Dieu la laissait encore vivre ainsi quelque temps pour se disposer à la mort et se perfectionner dans les continuelles douleurs auxquelles il la soumettait dans sa miséricorde, et qu'elle l'en remerciait de bien bon cœur. Elle lui confia dans une autre lettre, que tout ce qu'elle avait souffert dans les diverses maladies qu'elle avait essuyées dans le cours de sa vie, n'approchait pas des douleurs excessives qu'elle avait à endurer dans cette dernière. En effet, elles ne la quittèrent pas, car, du moment où elle cessa d'être travaillée par la fièvre, il lui survint une plaie qui affaiblit son pauvre corps déjà extenué par les austérités et qui lui fit perdre le peu de forces qui lui restaient. On la voyait supporter les cruelles périodes de la maladie avec une parfaite résignation, s'estimant heureuse d'avoir à souffrir à l'exemple du divin Maître, voulant souffrir dans le même esprit que celui qui l'animait sur le calvaire. Cependant elle s'occupait de l'administration de sa chère famille autant et plus que la violence du mal ne pouvait le permettre. Car la faiblesse de son corps n'avait point diminué la vigueur de son esprit, ni la ferveur du zèle qui l'animait pour l'avancement spirituel de ses filles. Souvent elle les appelait pour avoir avec elles des entretiens sur la piété, leur donner ses avis et s'intéresser à leurs besoins même corporels.

Elle s'efforçait aussi de faire à la communauté les lectures spirituelles, d'entendre les coulpes aux jours fixés par les constitutions, et de remplir toutes les autres fonctions de supérieure. Ses religieuses en étaient dans l'admiration, et s'excitaient, à la vue d'un si beau zèle à avancer dans la voie de la perfection, par une plus stricte observance encore de leurs règles et constitutions. Mme Maës ne perdit rien de cette étonnante activité pendant les deux mois que dura cette douloureuse et dernière maladie.

La Providence lui ménagea dans les derniers jours de sa vie un entretien spirituel avec le révérend Père Augustin de Béthune, provincial des Capucins, qui l'avait si puissamment aidée dans ses affaires les plus importantes. Il vint heureusement à Saint-Omer pour les besoins de son ordre, et ce fut pour elle une grande consolation de pouvoir entrer en communication avec lui dans ce moment extrême. Elle lui mit à découvert l'état de son âme et sortit fort consolée de cet entretien. Ce Père n'eut pas plus tôt quitté Saint-Omer que le mal fit de rapides progrès. Lorsque la malade eut compris qu'elle mourrait sous fort peu de jours, elle ne dissimula plus le désir qu'elle avait de quitter la terre, ni la soif qu'éprouvait sa belle âme des délices éternelles dont Dieu rassasie ses élus au séjour de la gloire. Elle fit dire aux religieuses par sa fille, la sœur Agnès de Bourbourg, associée à son administration en qualité de mère vicaire ; que son désir était qu'on cessât de prier pour la prolongation de ses jours ; qu'il fallait se borner à demander l'accomplissement de la sainte volonté de Dieu, tout son désir étant de s'y conformer. Elle pressa tellement sa fille de faire cette triste communication qu'elle se vit contrainte de réunir de suite la communauté et d'affliger ainsi toutes les enfants pour consoler la mère.

Elle demanda son confesseur le 27 décembre, et le 28 elle voulut recevoir la sainte Eucharistie, quoiqu'on l'eût engagée à différer au lendemain à cause d'un accès de faiblesse qu'on croyait être momentané. On lui administra donc le saint Viatique, et elle prit avec toute la vivacité de sa foi cette divine nourriture qui avait été l'aliment quotidien de son âme et la source la plus pure de ses consolations sur la terre. Peu d'instants après, la fièvre la saisit avec un grand tremblement. Elle sentit que la poitrine s'embarrassait et dit à sa fille : *Je ne tiens plus à la terre ni de corps ni d'esprit, mon heure approche pour aller à Dieu.* Rien ne la put distraire désormais des pensées du ciel, et tandis qu'on s'empressait autour d'elle pour lui rendre les services que réclamait sa situation, son âme, toute brûlante du feu du saint amour, ne s'occupait que de Dieu, et il semblait que déjà elle n'appartenait plus à la terre. Elle voulut que la religieuse qui demeura près d'elle pendant la messe conventuelle, l'entretint des bontés de Dieu et de son amour pour les créatures, du bienfait de l'incarnation de son divin Fils, de sa passion et de sa mort, elle remercia cette sœur de cette consolation qu'elle lui procurait.

Quand la messe fut achevée, elle fit appeler sa fille, la mère Agnès de Bourbourg, et lui dit : *Je crains que la parole me manque bientôt; dites, de ma part, à la communauté réunie que je la supplie avec toute la tendresse qui se peut concevoir dans un vrai cœur de mère, d'observer inviolablement ces trois choses, que je lui laisse pour gage de mon affection, et comme un acte de mes dernières volontés. La première est d'obéir à la supérieure qu'il plaira à la Providence de placer à la tête de cette maison. La seconde, de conserver la paix et la charité. La troisième, de se donner mutuellement de sages conseils, de s'entr'aider à suivre la voie de la perfection, par la pratique des plus solides vertus.* Elle recommanda à sa fille, prévoyant qu'elle lui succèderait, non-seulement la maison de Saint-Omer, mais toutes celles de la congrégation, la priant d'user de tous les moyens que la Providence mettrait à sa disposition, pour y conserver l'esprit d'humilité, de pauvreté, de prière et de mortification, afin que Dieu y trouvât sa gloire, et les âmes leur salut. Elle témoigna ensuite à sa fille le désir qu'elle avait de recevoir la bénédiction de Mgr. l'évêque. Peu d'instants après, la sœur Brigite de Maestricht, issue de l'illustre maison de Mérode, s'étant approchée du lit de la malade, s'agenouilla, demandant qu'elle la bénît pour elle et toutes ses consœurs. Elle le fit en prononçant ces paroles : *Que Dieu, ma fille, vous bénisse; dites à toutes mes filles que je leur donne ma bénédiction, et que je me recommande à leurs prières.* On remarqua qu'elle s'entretint ensuite avec Dieu pendant une demi-heure, gardant, dans cet intervalle, un profond silence qui laissait apercevoir un grand calme et une parfaite tranquillité d'esprit. Puis, tout à coup, joignant les mains et levant les yeux vers le ciel, elle prononça d'une voix ferme ces belles paroles, qui furent les dernières de sa vie : *Mon Dieu, je me remets entre vos mains; faites de moi selon votre sainte volonté.* La parole lui fut dès ce moment interdite avec l'usage de ses membres. Elle conserva néanmoins une grande présence d'esprit, qui lui promit de profiter des exhortations qu'on lui adressait, afin de l'encourager à souffrir pour l'amour de Dieu. A ce moment, toutes ses pauvres filles s'étaient réunies dans l'infirmerie; là, agenouillées, les yeux fixés vers le ciel, les joues sillonnées de larmes et le cœur navré de la plus profonde douleur, elles priaient avec effusion et témoignaient par leur affliction combien elles sentaient vivement la perte qu'elles allaient faire. La sœur Agnès de Bourbourg prit alors la main de sa mère, et la leva sur toute cette sainte assemblée en signe de bénédiction; elle témoigna, par un signe des yeux qu'elle accordait ce qui lui était demandé. Elle réitéra le même signe, sur la demande que lui fit ensuite sa fille de bénir aussi en même temps sa sœur, la mère Ignace de Bourbourg, supérieure de la maison de Douai.

L'abbé de Longueval, chanoine de Saint-Omer, confesseur ordinaire des pénitentes, vint vers deux heures lui administrer le sacrement de l'extrême-onction; elle comprit toutes les paroles qu'il lui adressa pour la préparer à recevoir d'abord l'absolution générale, et elle conserva la même présence d'esprit pendant l'administration du dernier sacrement.

Peu de temps après, Mgr. de France, évêque de Saint-Omer, vint la voir, pour satisfaire au vœu qu'elle avait exprimé de recevoir sa bénédiction; il ne reçut d'elle aucun signe de connaissance. L'abbé de Longueval avait voulu être témoin de ses derniers moments et réciter avec la communauté les prières de l'agonie. Il était une heure du matin, et lorsqu'après la récitation de ces prières, une religieuse eut fait la lecture de la passion du Sauveur, Mme Maës rendit à Dieu son âme, pure de toute affection terrestre, le 29 décembre, à l'âge de soixante-deux ans.

Les traits de cette humble servante de Dieu, que les œuvres de la pénitence, et particulièrement sa dernière maladie, avaient considérablement altérés, reprirent, après sa mort, tout ce qu'ils avaient de grâces naturelles, avant qu'elle tombât dans cet état de caducité. Toute la communauté en fut à la fois frappée et consolée. On appela un peintre, afin de conserver son portrait. Il ne put, malgré tout l'art qu'il y employa, rendre parfaitement le ton des chairs de cette femme vénérable, la blancheur de la figure et des mains allant toujours croissant tandis qu'il travaillait. On remarqua aussi que ses membres conservèrent toute leur flexibilité.

Mgr. l'évêque, informé de sa mort, vint dans la matinée consoler les religieuses, et les informer qu'il ferait la cérémonie des obsèques. La messe fut célébrée pontificalement. Le président et les conseillers du conseil d'Artois y assistèrent [1] ainsi que les maire et échevins de Saint-Omer, avec un grand nombre d'ecclésiastiques, tant séculiers que réguliers, et plusieurs personnes notables de la ville. Après l'évangile, un père capucin monta en chaire, pour y prononcer un éloge funèbre, dans lequel il s'attacha à prouver que, selon la maxime de saint Grégoire, *la preuve de l'amour divin, c'est l'exhibition de l'œuvre,,* et que les

[1] Du moment où la ville d'Arras fut tombée au pouvoir de la France, (1640) le gouvernement espagnol transféra à Saint-Omer le conseil d'Artois. Nicolas Taffin, seigneur du Hocquet, proche parent de Mme Maës, fut nommé conseiller de cette cour supérieure le 24 juin 1655. La maison de Taffin porte d'argent à trois têtes, de maure de sable, bandées d'argent. (Archives départementales du Pas-de-Calais.)

grandes choses que la fidèle épouse du Sauveur avait entreprises et exécutées pendant sa vie, pour le salut des âmes, étaient un témoignage évident du vif amour qu'elle portait à Dieu. Après la messe, le prélat officiant pénétra dans le cloître avec ses assistants, pour procéder à l'inhumation, qui se fit dans l'oratoire des religieuses. La grille étant ouverte, les séculiers purent voir les cérémonies de l'absoute et de l'enterrement. En descendant dans la tombe, Mme Maës emportait non-seulement les regrets de sa nombreuse famille en Jésus-Christ, mais encore ceux du grand nombre de personnes qui l'avaient connue, et qui toutes avaient conçu la plus haute opinion de ses vertus extraordinaires, de la sainteté de sa vie et de son heureuse fin.

Ces regrets furent surtout partagés par la ville de Bourbourg, qui, appréciant le bonheur qu'elle avait eu de posséder longtemps dans ses murs une femme d'un mérite aussi éminent, voulut qu'on célébrât pour elle un service solennel. Le gouverneur avec tout ce qu'il y avait de noblesse, le magistrat en corps, Mme Isabelle d'Héricourt, abbesse de Bourbourg, ses nobles filles les religieuses de ce célèbre monastère, et une foule considérable de fidèles y assistèrent. Un père capucin de la maison de cette ville fit une oraison funèbre, dans laquelle il compara la fondatrice des pénitentes à sainte Paule, établissant un parallèle entre les vertus de Mme Maës et celles décrites par saint Jérôme sur cette illustre veuve romaine.

La piété croit que diverses personnes, atteintes de maladies qui ne laissaient plus d'espoir de guérison, en furent délivrées après avoir réclamé l'intercession de cette constante amie de Dieu. Une vie aussi sainte devait augmenter la foi des peuples en ses miséricordes. Quoiqu'il en soit de ces allégations de son historien, sur lesquelles il n'a osé lui-même rien affirmer, nous userons de la même réserve dans une matière aussi délicate, et nous nous bornerons à déclarer que Mme Maës n'en fut pas moins suscitée de Dieu, pour faire éclater pendant sa vie la puissance de sa grâce dans le concours de tant d'évènements qui l'ont traversée.

Les sœurs Agnès et Ignace de Bourbourg, qui toutes deux moururent dans le couvent de Saint-Omer, y furent successivement inhumées auprès de leur vénérable mère. En 1792, quelques jours avant la dispersion forcée de la communauté, le père Albérique, capucin, se rendit pendant la nuit dans l'église des pénitentes, et fit l'exhumation des trois corps, en présence de la mère supérieure, Jacqueline Feutrel, nommée en religion sœur Marie Dorothée Bertulphine de Fruges, de la communauté, et de Melles Marie-Anne et Pélagie Feutrel, nièces de la supérieure, qui ont eu la bonté de nous révéler ce fait intéressant. On eut soin de tenir acte de cette exhumation. La mère supérieure garda avec le plus grand soin ces restes précieux et les confia, après plusieurs années, à M. Taffin de Tilques, parent de Mme Maës, avec divers titres provenant des archives de la communauté, et une gravure qui représente ces trois illustres pénitentes. M. de Tilques remit, il y a peu d'années, ce dépôt aux religieuses de Bourbourg, qui l'ont placé sous le maître-autel de leur église.

FIN.

www.ingramcontent.com/pod-product-compliance
Lightning Source LLC
LaVergne TN
LVHW020344230826
846091LV00003B/987

9782012832664